Krafttiere – Tiergöttinnen – Tiertänze

ein Weg zum eigenen Lebensrhythmus

Bücher von Harry Eilenstein:

- Astrologie (496 S.)
- Photo-Astrologie (428 S.)
- Handbuch für Zauberlehrlinge (408 S.)
- Der Lebenskraftkörper (230 S.)
- Die Chakren (100 S.)
- Meditation (140 S.)
- Drachenfeuer (124 S.)
- Krafttiere – Tiergöttinnen – Tiertänze (112 S.)
- Schwitzhütten (524 S.)
- Muttergöttin und Schamanen (168 S.)
- Göbekli Tepe (472 S.)
- Hathor und Re:
    Band 1: Götter und Mythen im Alten Ägypten (432 S.)
    Band 2: Die altägyptische Religion – Ursprünge, Kult und Magie (396 S.)
- Isis (508 S.)
- Die Entwicklung der indogermanischen Religionen (700 S.)
- Wurzeln und Zweige der indogermanischen Religion (224 S.)
- Der Kessel von Gundestrup (220 S.)
- Cernunnos (690 S.)
- Christus (60 S.)
- Kursus der praktischen Kabbala (150 S.)
- Eltern der Erde (450 S.)
- Blüten des Lebensbaumes:
    Band 1: Die Struktur des kabbalistischen Lebensbaumes (370 S.)
    Band 2: Der kabbalistische Lebensbaum als Forschungshilfsmittel (580 S.)
    Band 3: Der kabbalistische Lebensbaum als spirituelle Landkarte (520 S.)
- Über die Freude (100 S.)
- Das Geheimnis des Seelenfriedens (252 S.)
- Von innerer Fülle zu äußerem Gedeihen (52 S.)
- Das Beziehungsmandala (52 S.)

Kontakt
www.HarryEilenstein.de   Harry.Eilenstein@web.de
Impressum:
Copyright: 2009 by Harry Eilenstein
Alle Rechte, insbesondere auch das der Übersetzung, vorbehalten. Kein Teil des Buches darf ohne schriftliche Genehmigung des Autors und des Verlages – nicht als Fotokopie, Mikrofilm, auf elektronischen Datenträgern oder im Internet – reproduziert, übersetzt, gespeichert oder verbreitet werden.
Herstellung und Verlag: Books on Demand GmbH, Norderstedt
ISBN: 9783839101605

für alle, die auf meinem Weg zu den Krafttieren
mit mir gingen:

Jörg Wichmann, Frater Thot, Frater V.D.,
Gabi Cramer, Silke Maillard
und viele andere ...

... und vor allem für meine
Wölfin

Danke, Kornelia Grunwald, für das Korrekturlesen.

Inhaltsverzeichnis

1. Was ist ein Krafttier?

Aus Indianergeschichten ist fast jedem bekannt, daß die Indianer sich meistens nach einem Tier benennen: „Weißer Büffel", „Vier Bären", „Schwarzer Hirsch" u.ä. Wenn man viele Indianergeschichten gelesen hat, wird man wahrscheinlich auch einmal auf die Schilderung einer Visionssuche gestoßen sein, bei der ein Indianer sich zu Beginn seiner Pubertät für einige Tage in die Einsamkeit zurückzieht und dort Träume oder Visionen hat und aufgrund dieser Traumbilder dann seinen Namen erhält. Da in diesen Träumen und Visionen oft ein Tier als Helfer erscheint, sind die meisten Indianernamen eine Bezeichnung dieses Tieres und seiner Eigenschaften.

Dieses Tier bleibt dann ein Leben lang (innerlich) bei dem betreffenden Indianer und hilft ihm in allen Lebenslagen, wenn er es darum bittet, weshalb dieses Tier oft „Krafttier" genannt wird.

Die Bezeichnung „Krafttier" verleitet zu der Annahme, daß ein solches Tier sehr viel Kraft hat und (hoffentlich) auch sehr viel Kraft gibt – ein Elefant wäre also einer Schnecke deutlich überlegen und daher vorzuziehen.

Diese naheliegende Vermutung ist jedoch irreführend, da ein Krafttier eine Qualität und keineswegs physische Kraft oder gar Macht über andere bezeichnet. Es gibt also keine „besseren" oder „schlechteren" Krafttiere.

Das Krafttier eines Menschen beschreibt die Fähigkeiten, Eigenschaften und Verhaltensweisen des betreffenden Menschen, aber nicht das Niveau, zu dem dieser Mensch diese Fähigkeiten und Eigenschaften entwickelt hat – das ist eine Frage des freien Willens und der Bewußtheit dieses Menschen.

Oft werden diese Krafttiere auch Totem oder Totemtier genannt. Die Totemtiere einer Sippe, einer Familie oder eines Stammes oder auch einfach die wichtigsten Totemtiere eines Volkes werden bei den Indianer im Nordwesten von Nordamerika dann oft übereinanderstehend aus Holz geschnitzt und in der Dorfmitte aufgestellt: der Totempfahl, der sozusagen ein Bild der Fähigkeiten der betreffenden Gemeinschaft ist. Vor solchen Totempfählen werden oft Opfergaben für die Krafttiere gelegt und sie um Hilfe gebeten. Ein solcher Totempfahl entspricht also recht genau den Heiligenstatuen in christlichen Kirchen.

Es ist ein weitverbreiteter und naheliegender Brauch, daß ein Mensch, der z.B. ein Reh als Krafttier hat, keine Rehe jagen oder verspeisen darf.

Da Menschen mit gleichen Krafttieren ähnliche Eigenschaften und Fähigkeiten haben, haben sich diese Menschen (früher) oft zu einer Gemeinschaft zusammengeschlossen, die heute meistens Clan genannt werden. Daher werden die Krafttiere manchmal auch als „Clantiere" bezeichnet.

2. Welche Krafttiere gibt es?

Wenn man Indianergeschichten liest, kann man den Eindruck gewinnen, daß die Krafttiere allesamt eine imposante Erscheinung haben und vor allem Bären, Adler, Büffel und ähnliches sind. In den meist weniger bekannten Geschichten, die von den Indianern selber geschrieben worden sind, tauchen jedoch auch kleinere und unscheinbarere Krafttier wie verschiedene Singvögel, Fischotter, Füchse u.ä. auf.

Letztlich ist bezüglich der frage, welche Krafttiere es gibt, vor allem die Kenntnis der Krafttiere verläßlich, die man konkret bei Menschen, die man kennt, angetroffen hat. Da ich schon seit langem unter anderem Menschen dabei helfe, ihr Krafttier zu finden, habe ich in den letzten Jahren damit begonnen, mir eine Liste dieser Krafttiere anzulegen, die dabei aufgetreten sind.

Natürlich ist eine solche Liste nicht ganz objektiv, da ich z.B. selber aufgrund meines Wolf-Krafttieres natürlich andere Menschen, deren Krafttier ebenfalls ein Wolf ist, besonders anziehe. Ich hoffe jedoch, daß dieser Effekt nicht allzugroß ist und dadurch die Übersicht verfälscht. Ideal wäre es, wenn mindestens ein Dutzend Menschen solche Listen anlegen und sie dann zu einer Übersicht zusammenfassen würden. Dann könnte man einen Eindruck davon gewinnen, welche Krafttieres es alles gibt und wie häufig sie sind. Da ich aber nur meine eigene Liste habe, stelle ich sie hiermit allen zur Verfügung, die sie mit ihren eigenen Beobachtungen kombinieren ollen.

(Über die Zusendung solcher Listen per E-mail an *„Harry.Eilenstein@web.de"* würde ich mich natürlich sehr freuen! Ich revanchiere mich dann mit einer Zusammenstellung aller mir bis dahin bekannten Listen.)

Neben diesen eigenen Beobachtungen gibt es noch vereinzelte Hinweise z.B. aus der Literatur, in die eine oder andere Person meist ganz am Rande bemerkt hat, welches Krafttier er oder sie hat. Zu diesen Personen gehören z.B. der Adler des Musikers Frank Duval, der Falke des „Gabelbiegers" Uri Geller, der Schmetterling der „Baumfrau" Julia Butterfly Hill und der Hirsch des Dakota-Schamanen Black Elk („Schwarzer Hirsch").

Zunächst kann man die Tiere grob in Säugetiere, Reptilien, Vögel, Amphibien, Fische, Insekten, niedere Tiere und mythologische Tiere einteilen. Die Häufigkeit der mir bekannten Krafttier-Gruppen läßt sich aus der nachstehenden Tabelle ersehen. Da es zufällig 103 Krafttiere sind, die mit „persönlich bekannt sind", entspricht die Anzahl der Tiere auch ihrem prozentualen Anteil an den gesamten Krafttieren – die Wahrscheinlichkeit, ein Säugetier als Krafttier zu haben, liegt also bei ca. 50%, während die Wahrscheinlichkeit, bei sich einen Fisch eigene Krafttier zu entdecken, lediglich 2% beträgt.

Tiergruppe / Häufigkeit	
Säugetiere – Pflanzenfresser: **25**	Säugetiere: **53**
Säugetiere – Raubtiere: **24**	
Säugetiere – Meeressäugetiere: **4**	
Vögel – Pflanzenfresser: **10**	Vögel: **23**
Vögel – Raubvögel: **10**	
Vögel – unspezifisch: **3**	
mythologische Tiere: **9**	
Insekten: **7**	
Amphibien: **5**	
Reptilien: **3**	
Fische: **2**	
gesamt: **102**	

Im Detail sind mir folgende Krafttiere bekannt:

Häufigkeit der Krafttiere			
Säugetiere: **52**	Pflanzenfresser: **25**	Huftiere: **17**	Hirsch: 4
			Pferd: 3
			Reh: 3
			Giraffe: 2
			Antilope: 1
			Büffel: 1
			Wildschwein: 1
			Stier: 1
			Ziege: 1

Säugetiere (Fortsetzung)	Pflanzenfresser (Fortsetzung)	Nagetiere: **4**	Hase: 2
			Biber: 1
			Ratte: 1
		sonstige: **4**	Elefant: 3
			Igel: 1
	Raubtiere: **24**	Katzenartige: **12**	Schwarzer Panther: 4
			Löwe: 3
			Katze: 2
			Tiger: 1
			Säbelzahntiger: 1
		Hundeartige: **11**	Wolf: 7
			Hund: 4
		Bären: **1**	Bär: 1
	Meeressäugetiere: **4**		Wal: 1
			Orca: 1
			Delfin: 1
			Seehund: 1
Vögel: **23**	Fleisch- und Pflanzenfresser: **13**	Wasservögel: **5**	Ibis: 1
			Storch: 1
			Schwan: 1
			Möwe: 1
			Pinguin: 1
		Landvögel: **5**	Krähe: 2
			Rabe: 1
			Hühnerküken: 1
			Papagei: 1

Vögel (Fortsetzung)	Raubvögel: **10**	Adlerartige: **7**	Adler: 5
			Falke: 2
		Eulenartige: **2**	Eule: 2
	unspezifisch: **3**		Vogel: 2
			blauer Vogel: 1
mythologische Tiere: **9**	Menschenartige: **3**		Faun: 2
			Zentaur: 1
	Schlangenartige: **3**		Drache: 2
			Leviathan: 1
	Pferdeartige: **2**		geflügeltes Einhorn: 1
			Pegasus: 1
	Vogelartige: 1		Phönix: 1
Insekten: **7**			Schmetterling: 3
			Libelle: 2
			Biene: 1
			Marienkäfer: 1
Amphibien: **5**			Kröte: 2
			Schildkröte: 2
			Frosch: 1
Reptilien: **3**			Krokodil: 2
			Schlange: 2
Fische: **2**			Piranha: 1
			Stör: 1

Diese Liste ist sicherlich nicht vollständig, denn es gibt mehr als diese 58 verschiedenen Krafttiere – aber die Existenz dieser 58 Krafttiere kann ich aus eigener Erfahrung bestätigen.

Möchten Sie sich einmal einen Eindruck von dieser bunten Mischung aus 102 Krafttieren machen, von der Sie vermutlich in jeder größeren Menschenansammlung ungefähr in dieser Zusammenstellung (natürlich unsichtbar) umgeben sind?

Dann betrachten Sie einmal das Bild auf der folgenden Seite, in dem sich diese Krafttiere versammelt haben. ... so bunt sind die Eigenschaften, Fähigkeiten und Verhaltensweisen der Menschen ...

3. Wie kann man sein Krafttier finden?

Es ist zwar ganz interessant, zu wissen, welche Krafttiere es allgemein gibt, aber am spannendsten ist es natürlich, herauszufinden, welches Krafttier man selber hat.

Am einfachsten und zunächst auch am sinnvollsten ist es, zunächst einmal darum zu bitten, das eigene Krafttier kennenzulernen.

Für eine solche Bitte sucht man sich einen passenden Platz und einen passenden Zeitpunkt und kleidet sich dann so, wie es einem für eine solche Bitte angemessen zu sein scheint. Das kann z.B. ein langes Kleid sein, das man dann am nächsten Vollmond anzieht und dann zu dem verborgenen kleinen Waldsee geht, an dem man oft sitzt, wenn man sich auf das Wesentliche besinnen will. Dort wendet man sich dann an Mutter Erde, an Christus, an die eigene Seele oder an welche geistigen Wesen man auch immer glaubt, und spricht laut seine Bitte aus.

Solche „zeremoniellen Bitten" kann man natürlich auch zu anderen Themen an die geistigen Wesen richten, deren Existenz man bereits erfahren hat und deren Realität man daher zumindest mit einen größeren Wahrscheinlichkeit kennt und denen man daher vertraut.

Die Effektivität einer solchen Bitte wird noch verstärkt, wenn man dabei einen Zeugen hat: Innerlich gesprochene Worte bleiben im Inneren, laut ausgesprochene Worte gehen ins Außen, aber können ins Innen zurückkehren, und in Anwesenheit eines Zeugen laut ausgesprochene Worte bleiben im Außen und haben daher die größte Wirkung. Deshalb sagte auch Christus, daß er dann, wenn zwei oder mehr in seinem Namen versammelt sind, er mitten unter ihnen sein wird – der Zeuge verankert die Worte und ihre Kraft in der Welt.

Anschließend an eine solche Bitte schaut man dann, welche Ereignisse auf einen zukommen und nutzt sie dann so gut man kann. Das eigene Wachbewußtsein ist der „Manager vor Ort", aber die eigene Seele, Mutter Erde und andere „nichtkörperliche Wesen" erfassen einen weiteren Bereich als das Hier und Jetzt und können daher die passenden Ereignisse und Begegnungen herbeiführen.

Diese Wesen mischen sich aber nicht ein, wenn man sie nicht darum bittet, da sie den freien Willen eines jeden Menschen achten. Lediglich in Gefahrensituationen greifen sie schon mal von sich aus in die Ereignisse ein.

Eine direktere Methode, die man anschließend an eine solche Bitte (oder auch ohne eine solche zeremonielle Bitte) benutzen kann, ist die Traumreise zum Weltenbaum.

Eine Traumreise ist eine der Methoden, die man am besten von anderen Personen lernen kann, die sie schon beherrschen – ganz einfach, weil es auf diese Weise sehr viel schneller geht. Man kann diese Fähigkeit mit mehr oder weniger viel Übung durchaus auch alleine erlernen, aber es geht in der Regel deutlich schneller, wenn man dies beim ersten mal mit jemand Erfahrenem zusammen versucht.

Auch wenn Sie vielleicht noch keine Traumreisen gemacht haben, werden Sie diesen Zustand vermutlich schon kennen: Sind Sie schon einmal an einem Sonntag-morgen ohne Weckerklingeln aufgewacht und haben auf einmal gemerkt, daß Sie zwar schon wach sind, aber gerade noch ein bißchen weiterträumen und dem inneren Kino bewußt zusehen? Oder haben Sie schon mal in der Eisenbahn gesessen und über alte Zeiten nachgedacht und sich plötzlich lebhaft an Szenen aus ihrer Schulzeit erinnert?

Rein technisch gesehen sind Traumreisen, das bereits bewußte gerade-noch-einbißchen-Weiterträumen und Tagträume alle dasselbe: die Koordination zwischen Wachbewußtsein und Unterbewußtsein. Das Unterbewußtsein ist dasselbe wie das Traumbewußtsein. Das Besondere an den Traumreisen ist lediglich, daß man sie ganz bewußt und geplant beginnt und beendet und daß man selber gezielt das Thema festlegt, das man sich in dieser Traumreise anschaut.

Wenn Sie das Traumreisen alleine erlernen wollen, können Sie wie folgt vorgehen: Wählen Sie ein Thema (Essen, Grenzen setzen, ihren Vater, eine Krankheit ...) oder ein Symbol (astrologisches Planetenzeichen, Elementsymbol, Tarotkarte, mathematisches Symbol, physikalische Formel, Zeichen eines chemischen Elementes, u.ä.) aus. Ein gutes Symbol für erste Versuche ist auch ein I Ging -Hexagramm, daß sie gezogen haben, zu dem Sie aber noch nicht die Bedeutung nachgeschlagen haben, sodaß Sie anschließend an Ihre Traumreise die erlebten inneren Bilder mit der Bedeutung des Hexagramms in dem I Ging-Buch vergleichen können.

Legen oder setzten Sie sich bequem hin und schließen Sie Ihre Augen. Stellen Sie sich vor, daß vor Ihnen eine Tür oder ein Vorhang oder etwas Ähnliches ist, auf dem das Symbol abbildet ist oder auf dem das Thema geschrieben steht.

Gehen sie in Ihrer Vorstellung durch diese Tür hindurch in den Bereich dahinter. Man kann auch einfach beschließen, in welchen inneren thematischen Bereich man eintreten will, aber solch eine „beschriftete Tür" ist zumindest am Anfang ein gutes Hilfsmittel, um sowohl das Thema als auch den Anfang der Traumreise klar zu definieren.

Schauen Sie, welche Bilder und Eindrücke auftauchen. Nehmen Sie diese Bilder und Klänge, Wörter, Gerüche usw. zunächst einmal einfach als ein interessantes Phänomen ohne sich groß zu fragen, ob das nun Ihr Verstand ist oder Ihre Phantasie oder Ihr Unterbewußtsein oder was auch immer – zunächst einmal geht es darum, diese Bilder zu sammeln, denn sonst kann man anschließend nichts, was man betrachten und verstehen kann.

Sollten nur wenige oder keine Bilder auftauchen, können Sie sich in Ihrer Vorstellung hinhocken und mit ihren (imaginären) Händen den Boden berühren und tasten, ob er warm oder kalt, hart oder weich, Sand oder Fels oder Gras oder Holz usw. ist und dann von dort aus weiter umherschauen – das hat bisher noch immer geholfen.

Sollte Ihnen nicht klar sein, wohin Sie sich in der Bilderwelt, in der Sie sich befinden, wenden sollen, können Sie sich ein rotes Wollknäuel herbeiwünschen, das

Ende an Ihr linkes Handgelenk binden, dem Wollknäuel sagen, daß es dort hinfliegen soll, wo das Wichtigste für Sie zu erleben ist, und es dann emporwerfen – und anschließend diesem Roten Faden folgen.

Handeln Sie in der Traumreise so, als wenn Sie im Traum, in einem Märchen oder in einer Fantasy-Geschichte wären: Sie können hier in ihrer Vision fliegen, durch die Erde selber tauchen, sich größer machen, Gegenstände herbeiwünschen usw.

Sollten Sie einmal an einem Punkt stehen, der Ihnen bedeutsam vorkommt, von dem Sie aber nicht erkennen können, was an ihm bedeutsam ist, hilft es fast immer, an dieser Stelle ein Loch in die Erde zu graben und zu schauen, was man dort findet.

Wenn Sie das Gefühl haben, genug gesehen zu haben, kehren Sie zur Eingangstür zurück, treten wieder durch sie hindurch – und bleiben Sie dann ohne sich zu bewegen liegen bzw. sitzen! Erzählen Sie sich erst einmal selber laut alles, was Sie gesehen haben, denn dadurch wird das Gesehene fester im normalen Wachbewußtsein verankert. Für Traumreisen gilt dasselbe wie für die Träume in der Nacht: Wenn Sie beim Aufwachen erst einmal still liegen bleiben und sich den nächtlichen Traum erst noch einmal erzählen, dann wird er nach dem Aufstehen nicht so schnell verloren gehen.

Schreiben Sie dann Ihre Bilder auf, denn es können sonst wertvolle Details in Vergessenheit geraten. Nun können Sie diese Bilder betrachten und schauen, was sie bedeuten.

Manchmal ist es am Anfang auch hilfreich, wenn Sie das, was Sie auf ihrer Traum-reise sehen, während Sie es sehen, einem Freund erzählen, der neben Ihnen sitzt – das bringt sehr viel mehr Stabilität in die Traumreise.

Wenn Sie mithilfe einer Traumreise ihr Krafttier finden wollen, können Sie, anstatt eine Symboltür zu benutzen, sich in eine Landschaft "hineinwünschen" und dann in der Mitte dieser Landschaft nach dem Weltenbaum suchen. Rufen Sie dort nach ihrem Krafttier und warten Sie, wer kommt.

Eine andere Methode ist die "Meditation über den Sonnentempel". Diese Methode gibt es in vielfältiger Form. Die folgende Variante stammt von dem Magier-Orden des Golden Dawn, der um 1900 die bis dahin bestehenden magischen und spirituellen Traditionen und Erkenntnissen zusammenfaßte. Auf dieser Reise begegnet man in den meisten Fällen nach einiger Zeit nicht nur der eigenen Seele, sondern (meist kurz vorher) auch dem eigenen Krafttier.

Diese Meditation besteht darin, daß man sich vorstellt, durch eine Wüste zu gehen und schließlich eine mittelalterlich oder noch älter wirkende Stadt zu erreichen.

Dort wird man durch ein Stadttor eingelassen und sieht, daß es im Inneren viele Kanäle, Teiche und Bäume an den Straßen gibt. Nun geht man zur Mitte der Stadt und trifft nach einer Weile immer häufiger andere Menschen, die einen erst nicht zu bemerken scheinen, aber mit der Zeit einen offenbar wahrnehmen und bisweilen auch grüßen. Schließlich erreicht man in der Mitte der Stadt einen weißen, kreisrunden Tempel mit einem goldenen, in der Mitte zum Himmel hin offenen Kuppeldach. Dort tritt man ein, schaut sich um, und geht dann zum Zentrum des Tempels und "entflammt sich im Gebet an die eigene Seele".

Dieses "Sich mit Gebet entflammen" mag etwas altmodisch oder auch etwas fremd klingen, aber wenn man in seiner Traumreise in dem Herzchakra-Sonnentempel steht und zu der eigenen Seele, die man möglicherweise noch überhaupt nicht kennt, zu sprechen beginnt, und sie darum bittet, einem zu erscheinen und einen zu erfüllen, und wenn man sich mit der Zeit jedesmal, wenn man in diesem Tempel ist, immer mehr Gefühl in seine innerlich gesprochenen Worte zu legen traut und sich der ganze Frust und die Enttäuschung über das eigene bisherige Leben und all die Ängste und Süchte und das schon erlebte Leid in Sehnsucht nach der eigenen innersten Wahrheit und nach einem Leben aus dem eignen Herzen heraus voller Freude und Glück zu verwandeln beginnt, dann wird man erleben, was mit "sich im Gebet entflammen" gemeint ist.

Eine Möglichkeit, die ich selber entwickelt habe, ist die „Traumreise zur eigenen Mitte". Bei dieser Methode benutzt man als Torsymbol ein Hexagramm, also einen sechsstrahligen Stern, der in seiner Mitte das Zeichen der Sonne (Kreis mit Punkt im Zentrum) hat. Dieses Symbol findet sich ebenfalls beim Golden Dawn, aber auch schon sehr viel früher in Indien und im Nahen Osten.

Andere Symbole für die Mitte sind das Kien-Hexagramm aus dem I Ging, die Sephirah Tiphareth aus dem kabbalistischen Lebensbaum und der Kreis, der durch ein Kreuz in vier gleiche Viertel geteilt wird. Sie funktionieren alle, aber das Sonnen-hexagramm scheint das passendste, „rundeste" Torsymbol zu sein.

Auf dieser Traumreise sucht man in der Vision, in die man nach dem Durch-schreiten des Symboltores gelangt ist, den Weg zur Mitte. Man kann diese Traumreise durchaus auch alleine versuchen, aber vermutlich ist es doch deutlich einfacher, sie mit jemandem zusammen durchzuführen, der diese spezielle Traumreise schon selber gemacht hat und Übung darin hat. Auch auf dieser Reise begegnet man in der Regel erst seinem eigenen Krafttier und dann der eigenen Seele.

Die klassische Methode das eigene Krafttier zu finden, ist die Visionssuche. Dabei zieht man sich für drei bis vierzig Tage in die Einsamkeit zurück und meditiert, betet, schaut, wartet und fastet, bis schließlich im Wachen Visionen oder im Schlaf Träume auftreten, in denen die eigene Seele und das eigene Krafttier erscheinen. Manchmal erscheint das eigene Krafttier dabei auch ganz konkret als materielles Tier im Außen.

Man kann eine solche Visionssuche durchaus auch alleine durchführen, aber die Unterstützung von einem Kreis von Menschen, die schon Erfahrungen mit Visionssuchen haben, ist recht förderlich.

In den Kulturen, in denen der Umgang mit dem eigenen Krafttier noch ein fester Bestandteil des Lebens ist, erhalten die Jugendlichen, wenn sie ihr eigenes Krafttier gefunden haben, meistens einen neuen Namen, der sich auf dieses Krafttier bezieht.

Der erste Name, den z.B. ein Indianer bei seiner Geburt erhält, bezieht sich fast immer auf etwas Auffälliges, das während der Geburt geschehen ist – z.B. der Schrei eines Bussards, ein besonders schöner Sonnenaufgang oder ein Traum, den die Mutter in der Nacht vor der Geburt gehabt hat und der sich auf das Neugeborene bezog.

Zu Beginn der Pubertät erhält der Jugendliche dann nach seiner Visionssuche seinen „Tiernamen". Wenn man möchte, kann man sich auch heute noch durchaus eine Namen geben, der sich auf das Krafttier bezieht (und dann schauen, in welchem Zusammenhang man ihn benutzen möchte). Viele Ordensnamen von Mitgliedern von magisch-spirituellen Vereinigungen beziehen sich auf das Krafttier des Betreffenden.

Schließlich erhalten Indianer und auch Menschen anderer Naturvölker oft noch weitere Namen, wenn sie etwas Besonderes getan oder erlebt haben. Diese Namen werden dann bei feierlichen Gelegenheiten alle wie eine Reihe ausgesprochen, die dann sozusagen eine Kurzbiographie dieser Person ist. Ein solcher Name einer Frau, die nach ihrer Pubertät bisher zwei wichtige Ereignisse erlebt hat, könnte z.B. „Morgenröte – weißer Marder – die-einen-Mond-fastet – die-die Zukunft-träumt" lauten.

Bisweilen sagt auch das eigene Krafttier, welchen Namen es selber trägt und wie es angesprochen werden möchte – aber das ist eher selten.

4. Wie kann man sein Krafttier richtig kennenlernen?

Das eigene Krafttier ist Leben – nicht nur eine akademische Randbemerkung und auch nicht wie ein schöner Schal, den man aber eigentlich nie benutzt. Das Krafttier ist die eigene Art, sich zu bewegen, Dinge zu tun, es ist die eigenen Instinkte, das eigene Unterbewußtsein ... eben die eigene Kraft.

Daher wird das Krafttier zu einer Bereicherung, wenn man es lebt – aber nicht, wenn man es sozusagen ins Bücherregal stellt oder sein Kennenlernen als eine weitere mühsame spirituelle Aufgabe ansieht.

Schauen Sie einfach mal, was geschieht, wenn sie im Wald an einer abgelegenen Ecke ihrem Krafttier sagen, daß sie sich jetzt einmal für fünf Minuten seiner Führung überlassen. Schauen Sie, wie Sie sich bewegen, wohin es Sie zieht, was Sie als ihr Tier tun möchten. Natürlich behalten Sie dabei immer die Oberregie und können jederzeit Einspruch erheben, wenn Ihnen etwas nicht gefällt (oder falls Ihnen Ihr eigenen Verhalten zu peinlich wird, wenn in der Ferne Spaziergänger auftauchen).

Vielleicht entdecken Sie dabei auch körperliche Fähigkeit an sich, die Ihnen bisher noch gar nicht so bewußt aufgefallen waren: leises Pirschen, Ausdauer, Hüpfen, Spaß am Schwimmen, langes Tauchen ... was auch immer. In der Regel hat man auch physisch viele der Eigenschaften des eigenen Krafttieres.

Reden Sie mit ihrem Krafttier, fragen Sie es, womit Sie ihm eine Freude machen können, was es Ihnen zeigen möchte, welchen Ort es besonders mag ... und fragen Sie es ruhig auch, wenn Sie etwas bestimmtes vorhaben, wie es Ihnen dabei helfen kann oder welchen Rat es Ihnen dazu geben möchte. Schauen Sie dazu einfach in Ihrer Vorstellung Ihr Krafttier an, stellen Sie ihm innerlich die Frage und schauen und lauschen Sie dann, was von Ihrem Krafttier als Antwort kommt – Worte, ein Bild, ein Gefühl. Probieren Sie dann den Rat Ihres Krafttieres aus. Wenn er gut war, werden Sie bei der nächsten Gelegenheit ganz von selber wieder Ihr Tier fragen, was es von einem bestimmten Vorhaben hält.

Auf diese Weise kann ein sehr fruchtbares Gespräch zwischen Ihnen und ihrem Krafttier entstehen, das Ihr Leben einfacher und freudevoller werden läßt. Einfach schauen und probieren und dann das als förderlich Erlebte nutzen – so wie man auch ein Telefon oder das Kopfrechnen oder seine Hände überall da benutzt, wo dies förderlich ist. So wird das eigene Krafttier ganz ohne Mühe zu einem Teil des eigenen Lebens.

Dieser lebendige Kontakt mit dem eigenen Krafttier wird Ihnen die eigenen Fähigkeiten, Eigenschaften und Vorlieben und auch die eigenen Instinkte zunehmend bewußter werden lassen, wodurch ihr Handlungen deutlich effektiver werden können.

Wenn Sie z.B. einen ausdauernden Wolf als Krafttier haben, werden Sie entdecken, daß Sie wesentlich leichter zum Ziel kommen, wenn Sie Ihre Arbeiten immer am Stück zu Ende bringen können. Haben Sie jedoch einen hoppelnden Hasen als Krafttier, wird es für Sie wesentlich förderlicher sein, wenn Sie mal hier was tun, dann da ein bißchen, dann dort, anschließend zum ersten wieder zurückkehren und dort ein paar Handgriffe tun, um dann anschließend etwas ganz Neues zu beginnen – und am Ende alles fertiggestellt zu haben.

Wenn jedoch der „Wolf" ständig seinen Lauf unterbrechen muß, weil die betreffende Person sich hat einreden lassen, daß Sie immer flexibel sein muß, oder wenn der „Hase" versucht, beständig zu sein, weil er sich zu Herzen genommen hat, daß ein erwachsener Mensch berechenbar und mit klarem Konzept handeln sollte, werden beide unter der Art, wie sie die Dinge glauben tun zu müssen, leiden – und sehr uneffektiv und evtl. sogar wegen ihrer Uneffektivität deprimiert sein.

Die Krafttiere sind keine materielle Wesen, sondern „innere Wesen", auch wenn sie sehr real sind. Sie existieren auch nicht nur als inneres Bild, da die dem eigenen Krafttier entsprechenden materiellen Tiere dieses Tier spüren können. Nachdem ich mein eigenes Krafttier, das eine Wölfin ist, entdeckt hatte, ist es mir etliche Male passiert, daß mich Schäferhundrüden angesprungen haben und sich offenbar mit mir paaren wollen – was für die jeweiligen Besitzer dieser Schäferhunde sehr peinlich war (und für mich auch).

Ich habe dann nach einer Weile gelernt, meine Wölfin vor anderen Hunden nach Bedarf zu verbergen oder sie zu zeigen. Um sie zu zeigen brauche ich nur mit meiner Aufmerksamkeit innerlich zu meiner Wölfin zu gehen und um sie zu verbergen brauche ich sie innerlich nur sozusagen an einen „schattigen, unauffälligen Ort" zu bitten. Es hilft bei diesem Zeigen bzw. Verbergen auch, wenn ich mir entweder gezielt eine milchigweiße Schnur von mir zu dem Hund vorstelle oder meine Aura in die Richtung des Hundes hin gezielt verschließe.

Ich vermute, daß meine damalige Wirkung auf die Rüden auch damit zusammenhing, daß ich zu der Zeit, als mir meine Wölfin bewußt wurde, keine Freundin hatte und die Rüden wohl mein diesbezügliches Bedürfnis gespürt haben – und mich aufgrund meiner Wölfin nicht als Mann, sondern eben als „Frau" (und zudem als Wölfin und nicht als Mensch) eingestuft haben.

Es ist durchaus nicht besonders exotisch, daß ich als Mann ein weibliches Krafttier habe. Etwa dreiviertel aller Krafttiere, die mir bisher bei anderen Menschen begegnet sind, hatten kein deutlich erkennbares Geschlecht – es spielte bei ihnen sozusagen keine Rolle, ob sie ein Männchen oder ein Weibchen waren. Das restliche Viertel war etwa zur Hälfte männlich und zur Hälfte weiblich. Somit haben die Menschen also zu Dreiviertel ein Krafttier ohne erkennbares Geschlecht, zu einem Achtel ein Krafttier mit demselben Geschlecht wie sie selber und zu einem weiteren Achtel das andere Geschlecht.

Wenn man ein Krafttier mit dem anderen Geschlecht hat als der eigene Körper, dann wird man als Frau etwas männlicher wirken und als Mann etwas weiblicher.

Man könnte auch vermuten, daß Menschen mit einem Krafttier, daß nicht dasselbe Geschlecht hat wie der betreffende Mensch, zur Homosexualität neigen, aber einen solchen Zusammenhang habe ich bisher noch nicht beobachten können- allerdings weiß ich dafür auch von zu wenigen homosexuellen Menschen das Geschlecht deren Krafttiers.

Es bringt aber durchaus auch Vorteile, ein Krafttier mit dem anderen Geschlecht als man selber zu haben. In der Zeit kurz bevor ich meine Wölfin kennenlernte, ist es mir bei sexuellen Phantasien einige Male passiert, daß ich „die Seite gewechselt habe", also das Geschehen aus der Sicht der Frau erlebt habe. Das fand ich ziemlich komisch, da ich keine homosexuellen Neigungen habe. Aber es war auch kein Hingezogensein zu einem Mann, sondern einfach ein Wechsel der Perspektive – ich erlebte das Geschehen einfach aus der Sicht der Frau und befand mich dabei auch in ihr und spürte ihren Körper und schaute aus ihren Augen.

Dies war recht beeindruckend (und ein wenig verwirrend), weil das Erleben der sexuellen Vereinigung aus der Perspektive der Frau deutlich anders war und auch der weibliche Orgasmus nicht viel Ähnlichkeit mit dem mir bis dahin bekannten männlichen Orgasmus hatte. Ich habe vorsichtshalber dieses Erlebnis einer Frau geschildert, um sie fragen, ob sie ein solches Gefühl kenne, und sie hat mir bestätigt, daß es sich um den Orgasmus einer Frau handelt.

Die Krafttiere haben als „innere Wesen" einen Körper aus Lebenskraft bzw. sind ein Teil des eigenen Lebenskraftkörpers. Dies läßt sich leicht daran erkennen, daß die Krafttiere nicht nur Eigenschaften haben, die dem eigenen materiellen Körper entsprechen, so wie ich aufgrund meiner Wölfin auch ohne Training einfach mal bei einem Halbmarathon mitlaufen kann, sondern daß die Krafttiere auch magische Fähigkeiten haben. Telepathie, Telekinese, Hellsehen und andere magische Fähigkeiten beruhen letztlich auf dem bewußten Umgang mit dieser Lebenskraft.

Diese Fähigkeiten entdeckt man oft nur durch Zufall und sie können sehr verschieden sein. Eine Person, die ich kenne und die einen Giraffen als Krafttier hat, kann, wenn sie sich innerlich mit ihrer Giraffe verbindet, über vier Meter hohe Mauern blicken und sehen, was dahinter liegt – obwohl diese Person keine viereinhalb Meter groß ist.

Mit meiner Wölfin hatte ich auch mal ein solches Erlebnis. Ich war mit dem Fahrrad zu Frater V.D. gefahren, der gerade umgezogen war und brauchte von ihm einen bestimmten Schraubenschlüssel für die Rückfahrt, da sich an meinem Fahrrad eine Schraube gelockert hatte. Da er nicht wußte, wo sich in seinem frisch eingerichteten Haus dieser Schraubenschlüssel befand, meldete sich auf einmal meine Wölfin und schaute wie gebannt auf eine bestimmte Schublade. Als ich Frater V.D. frug, ob ich mal in dieser Schublade nachschauen dürfte, fand sich dort auch der benötigte Schraubenschlüssel.

Magie kann also etwas ausgesprochen praktisches und alltägliches sein. Solche Dinge sind zwar auch ohne Krafttier möglich, aber mit der Hilfe des eigenen Krafttieres werden solche Dinge einfacher und eleganter.

Das Wort „Krafttier" läßt vermuten, daß es bei ihm eben um „Kraft" geht. Dann hät-ten die Menschen mit einer Ratte oder einem Schmetterling oder gar einem Marienkäfer ziemlich große Nachteile gegenüber den Menschen, die einen Elefanten oder einen Wal oder einen Drachen als Krafttier haben. Mit „Kraft" ist aber nicht physische Stärke gemeint, sondern einfach Fähigkeit. Solche Fähigkeiten haben alle Krafttiere, sodaß sich die Menschen mit ihren verschiedenen Krafttieren nicht in Hinsicht auf ihre Stärke und somit im Hinblick auf ihre Möglichkeiten, in der Welt ihre Ziele erreichen zu können, unterscheiden, sondern nur in Hinsicht auf die Fähigkeiten, die sie zur Verfügung haben, um diese Ziele zu erreichen.

Ich kenne z.B. eine Frau, die „nur" einen kleinen Käfer als Krafttier hat, aber gleich nach der Schule nach Kolumbien ging, um dort zu helfen, eine Schule für eltern- und obdachlose Kinder in den von den Drogenkartellen umkämpften Gebieten mit aufzubauen und dort ein paar Jahre zu unterrichten. Anschließend hat sie dann noch so manche Dinge in dieser Art getan – still und unauffällig und effektiv wie ein Käfer.

Dies bedeutet, daß alle Menschen ihre Ziele erreichen können, aber daß sie dazu unterschiedliche Wege einschlagen, je nach dem, welches Krafttier sie haben. Dieser Zusammenhang entspricht ganz dem eigenen Horoskop: Auch der Planetenstand zum Zeitpunkt der eigenen Geburt beschreibt den eigenen Stil, also die Weise, in der man am effektivsten ist, und auch, welche Dinge man erreichen möchte.

Die Menschen sind also aufgrund ihres Krafttieres und auch aufgrund ihres Horoskopes in Bezug auf ihre Ziele und ihre Vorgehensweisen verschieden, aber nicht verschieden effektiv. Das Niveau, das man im eigenen Leben erreicht, hängt nicht von dem eigenen Krafttier und auch nicht von dem eigenen Horoskop ab, sondern von der eigenen Bewußtheit, von dem eigenen freien Willen und somit letztlich von den Entschlüssen, die man faßt und verfolgt. Diesen Teil der eigenen Persönlichkeit könnte man den Regisseur nennen: Das Schauspiel ist durch den Entschluß der eigenen Seele zu genau dem Leben mit den äußeren Umständen, dem Krafttier und dem Horoskop, das man hat, festgelegt – die Seele ist der Drehbuchautor. Und man selber mit seinem Alltagsbewußtsein ist nun der Regisseur, der dieses Drehbuch möglichst niveauvoll umzusetzen bemüht ist.

Gehen Sie das Kennenlernen Ihres Krafttieres spielerisch an und betrachten Sie es nicht als eine spirituelle Übung – das entspricht nicht dem Wesen eines Krafttieres. Gehen Sie hinaus in die Natur und lassen Sie sich von Ihrem Krafttier führen. Reden Sie mit ihrem Krafttier und schauen Sie, was es möchte oder was es Ihnen zeigen will. Lassen Sie sich von Ihrem Krafttier zeigen, welche Fähigkeiten es hat und

21

nutzen Sie dann diese Fähigkeiten. So wird Ihr Krafttier in Ihrem Leben zu etwas völlig Selbstverständlichem werden.

Haben Sie Kinder? Dann „verwandeln" sie sich doch mal in Ihren Bären oder in Ihren Schmetterling und spielen sie aus Ihrem Krafttier heraus mit Ihren Kinder – sie werden sehen, wie viel Spaß das Ihren Kindern (und auch Ihnen selber) machen wird!

Wenn man sein eigenes Krafttier entdeckt hat, neigt man oft dazu, möglichst viel über das eigene Krafttier wissen zu wollen und alles darüber nachzulesen, was es zu finden gibt. Das ist verständlich, aber es hat durchaus etwas für sich, sich damit erst einmal ein bißchen zurückzuhalten.

Der Nutzen davon läßt sich am einfachsten am Beispiel der Musik veranschaulichen. Wenn Sie ein Instrument erlernen und sofort damit beginnen, Noten zu erlernen und einfache Stücke zu spielen, werden Sie sich nach und nach ein gutes Repertoire an Stücken, die Sie vortragen können, erarbeiten. Unter diesen Stücken wird es dann einige geben, die auch zu verschiedenen Grundstimmungen von Ihnen passen und daher Ihre Lieblingsstücke sein werden. Wenn Sie dann jedoch nach ein paar Jahren versuchen, das Improvisieren zu erlernen, wird das Ihnen wahrscheinlich schwer fallen und es wird in vielen Fällen dabei eher ein Variieren eines bereits vorgegebenen Themas herauskommen.

Wenn Sie jedoch das erste Jahr keine vorgegebenen Musikstücke spielen, sondern stattdessen einfach ihr Instrument erforschen, entsteht etwas völlig anderes. Spielen Sie einen Ton und lauschen Sie ihm dann nach; spielen Sie dann wieder ein paar Töne und lauschen Sie weiterhin auf ihren „Farbe" und ihre Stimmung – spüren Sie, wie Sie in Ihnen klingen. Dadurch wird ein viel direkteres Verhältnis zu dem Instrument entstehen – es wird sozusagen Ihr verlängerter Arm oder eine zweite Stimme von Ihnen werden. Im Gegensatz dazu steht bei dem Lernen von vorgegebenen Stücken immer das Blatt mit den Noten zwischen Ihnen und dem Instrument ... die Direktheit des Ausdrucks fehlt.

So ähnlich ist es auch mit dem eigenen Krafttier. Lesen Sie nicht sofort alles, was es über Ihr Tier zu lesen gibt, sondern lernen Sie es einfach kennen und spielen Sie mit ihm und nutzen Sie seine Fähigkeiten. Wenn Sie es dann schon gut kennen, ist es durchaus eine Bereicherung, alles zu lesen, was schon über Ihr Krafttier geschrieben wurde, weil Sie dann schon ein festes, persönliches Verhältnis zu Ihrem Krafttier gefunden haben werden – so wie Sie auch Ihr persönliches Verhältnis zu Ihrem Musikinstrument immer behalten werden, wenn Sie erst einmal ein Jahr lang ohne die Kenntnis irgendwelcher musikalischer Regeln nur Ihr Instrument erforschen und improvisieren und erst danach damit beginnen, auch vorgegebene Musikstücke zu spielen.

Bienen und Imkerin beim Honigsammeln
Arana-Höhle in Spanien
7.000 v.Chr.

5. Tiergesänge

Es ist etwas so Naheliegendes und Natürliches, mit dem eigenen Krafttier zu sprechen, daß fast jeder von selber damit beginnt – oder eben von seinem Krafttier ungefragt angesprochen wird.

Man kann auch einmal eine ähnliche Methode ausprobieren, die ebenfalls recht einfach ist und sich nicht nicht allzusehr vom Sprechen mit dem Krafttier unterscheidet. Nehmen Sie dazu ein leeres Blatt Papier und einen Stift, mit dem man möglichst einfach schreiben kann (weicher Bleistift, Fineliner, Filzstift) und legen sie dann ihre rechte Hand mit dem Stift auf das Blatt Papier und fragen Sie Ihr Krafttier, ob es Ihnen etwas schreiben möchte. Lassen Sie dazu ihre Hand locker und schauen Sie einfach, was passiert.

Falls sich nichts tut, können Sie auch ein paar „Aufwärmübungen" machen. Am einfachsten ist es, einfach ein bißchen wahllos auf dem Papier herumzukritzeln und zu schauen, ob sich auf einmal doch Worte oder Bilder ergeben. Sie könne auch eine Weile lang den Namen Ihres Krafttieres oder einfach „Büffel" (falls Sie einen Büffel als Krafttier haben) schreiben und schauen, ob sich der Impuls, etwas anderes zu schreiben, ergibt. Schließlich können Sie auch vorher ein wenig pendeln, um Ihren Arm und Ihre Hand für das „automatische Schreiben" vorzubereiten.

Beim Pendeln legt man vorher fest, welche Pendelrichtung was bedeutet, z.B. quer = ja, vor und zurück = nein, im Uhrzeigersinn = unbeantwortbar, und gegen den Uhrzeigersinn = unsinnige Frage. Dann stellt hält man den Arm mit dem Pendel (z.B. einen Ring an einem Faden) in die Luft, stellt die Frage und schaut dann, welche Bewegung entsteht.

Bei diesen Unterhaltungen laden Sie das Tier ein, mit Ihnen in Ihrer Sprache zu sprechen. Was halten Sie davon, mit Ihrem Krafttier in der Sprache Ihres Krafttieres zu sprechen? Haben sie schon mal versucht, die Stimme Ihres Krafttieres nachzuahmen und kennen Sie dessen Stimme schon? (Welche Stimme hat z.B. eine Giraffe?)

Gehen Sie das ganze wieder möglichst zwanglos an. Vielleicht ergibt es sich ja auch ganz von selber. Ich habe auch diese Möglichkeit wieder zufällig entdeckt. In der Zeit bevor ich meine Wölfin gefunden habe, bin ich öfters an einen abgelegenen See in einem Steinbruch gefahren und habe dort Flöte gespielt, weil dort die Akustik so genial (und die Gegend so romantisch) war. Nach einer Weile kam ich dann auf die Idee, zu singen, d.h. eigentlich nur langgezogene Vokale zu intonieren und sie nur wenig zu variieren. Nach einer Weile stellte ich fest, daß diese Töne immer klagender und rufender und auf eine seltsame Art wohlig-melancholisch-heimatlich wurden. Ich wußte das nicht so recht einzuordnen, aber weil es gut tat, habe ich es einfach weitergemacht.

Nach einer Weile entdeckte ich, daß die einsame, große Lichtung im Wald, die ich leicht zu Fuß erreichen konnte, noch viel besser zu diesem klagenden Gesang aus langezogenen Tönen paßte als der verlassene Steinbruch – komischerweise besonders bei Vollmond. So stand ich dort also des öfteren bei Vollmond und habe meine Hände zum Mond emporgehoben und diese langen, klagenden und mittlerweile nicht mehr besonders menschlich klingenden Töne gesungen. Möglicherweise ist es in dieser Zeit dem einen oder anderen nächtlichen Wanderer im Wald ein wenig unheimlich geworden ...

Als ich dann meine Wölfin kennenlernte, wurde mir klar, daß ich schon eine ganze Weile nachts den Vollmond angeheult habe.

Es gibt auch noch eine andere Form des Singens, die die Verbindung mit dem eigenen Krafttier fördern kann. Dazu stellt man sich zunächst einmal aufrecht hin und singt ein langgezogenes „a". Dabei achtet man darauf, wie der Ton klingt. Wenn man dabei entdeckt, daß man einen Kloß im Hals hat, sagt man laut zu dieser Blockade im eigenen Hals: „Hallo, Kloß in meinem Hals, ich stelle Dir jetzt meine Stimme zur Verfügung, damit Du dich zeigen kannst." Dann beginnt man wieder mit dem Singen des „a" und schaut, was passiert.

Diese hier nur grob skizzierte Methode enthält letztlich sehr umfangreiche Möglichkeiten und wird auch zur Stimmbildung und zur Therapie eingesetzt und fördert letztlich die ganzen Obertöne der eigenen Stimme und auch das natürliche Vibrato der eigenen Stimme zutage. In Bezug auf das Krafttier genügt es jedoch zu entdecken, wie man seine eigene Stimme einem Teil von sich selber zur Verfügung stellen kann. Auf diese Weise können Sie auch einmal Ihre Stimme Ihrem eigenen Krafttier zur Verfügung stellen und dann ein „a" singen und schauen, was geschieht.

Wenn Sie damit schon Übung haben, können Sie diese Methode auch differenzierter anwenden. Angenommen, Sie haben Rückenschmerzen, dann können Sie zunächst einmal diesen Rückenschmerzen ihre Stimme und somit eine Möglichkeit, sich zu zeigen und auszudrücken, geben. In einem zweiten Schritt können Sie sich dann vor sich Ihr Krafttier vorstellen und nun damit beginnen, ihre Rückenschmerzen zu singen und dabei die Kraft, die dadurch in Ihrer Stimme entsteht, hinüber in Ihr Krafttier fließen zu lassen. Bei dieser Art zu singen fließt die Lebenskraft aus dem kranken Bild in Ihrem Rücken in das heile Bild ihres Krafttieres. Dieser Vorgang bildet auch die Grundlage der Traumatherapie – in der Regel allerdings ohne bewußte Beteiligung des eigenen Krafttiers. Probieren Sie es einfach mal aus, wenn Sie Schmerzen haben oder Wut spüren oder mit sonst etwas in sich nicht so recht klar kommen.

Manchmal meldet sich das Krafttier auch von selber und will singen. Vor längerer Zeit war ich mal auf einem der Rainbow-Feste, bei dem sich jedes Jahr zur Sommersonnenwende für zwei Wochen Leute aus ganz Europa treffen, um zusammen an einem abgelegenen Ort in der Natur zu feiern. An einem Abend brannte in der Mitte wieder ein großes Feuer und etwa zwanzig Leute trommelten, als nach und nach immer mehr Leute um das Feuer zu tanzen begannen. Als ich dann auch mitmachte, fing in mir auf einmal meine Wölfin zu singen an. Es war ein einfaches Lied, daß nur ein knappes Dutzend Silben hatte und keine mir bekannte Sprache war, aber von den Worten und der Melodie her so wie die meisten nordamerikanischen Indianerlieder klang. Erst habe ich es nur ganz leise gesungen, aber dann wurde ich mutiger und habe es schließlich mit ganzer Kraft gesungen – und zu meiner Überraschung fingen nach und nach alle Tänzer und Trommler an, das Lied mitzusingen.

Das war ein sehr lebendiges und belebendes Erlebnis ...

6. Tiertänze

Da das eigene Krafttier den eigenen Stil, etwas zu tun, beschreibt, ist es naheliegend, sich an das eigene Krafttier zu wenden und ihm zu sagen, daß es jetzt einmal für eine Viertelstunde die Führung übernehmen darf und man dabei zuschaut, wie man sich bewegt und was man dann macht.

Dies läßt sich durchaus noch weiter ausbauen. Man kann z.B. einmal versuchen, sich möglichst genau wie das eigene Krafttier zu bewegen, also wie ein Delphin zu schwimmen oder wie ein Wolf zu laufen. Dabei gibt es natürlich Einschränkungen, da man nur schlecht wie ein Adler fliegen kann, aber man könnte es ja einmal mit Gleitschirmspringen versuchen oder auch einfach den weiten Blick von der großen Höhe eines Turmes oder Berges auf die Landschaft genießen. Als Wolf oder Hirsch wäre ein Langlauf sehr naheliegend, aber man könnte durchaus auch einmal versuchen, auf allen Vieren durch den Wald zu laufen (am besten an einem eher abgelegenen Ort, um störende Fragen von Spaziergängern zu vermeiden). Ich hatte mit ca. 17 Jahren oft dieses „Vierbeiner-Bedürfnis" und habe es dann auch des öfteren gemacht, auch ohne es damals verstehen zu können.

Das Tanzen ist keineswegs eine rein menschliche Erfindung, wie man möglicherweise meinen könnte. Es gibt zwar keine Schildkröten, die Walzer tanzen und man hat meines Wissen auch noch keine Faultiere beim Salsa beobachtet, aber es gibt auch bei den Tieren „rhythmische, zweckfreie Bewegungen", die man am ehesten als Tanz bezeichnen könnte. Am bekanntesten sind davon vermutlich die Treffen der Elefanten und der Bären, wobei sich die Bären auf ihren Hinterpfoten im Kreis stehend hin- und herwiegen. Es liegt also nahe, auch einmal Tiertänze zu versuchen.

Ein solcher Krafttiertanz ist von der Technik her nicht besonders kompliziert, aber meistens ist ein wenig Übung sehr förderlich.

Setzen Sie sich zu Beginn am besten im Drachensitz auf die Erde, also aufrecht und mit Ihrem Hintern auf Ihren Fersen. Nehmen Sie dann Kontakt mit Ihrem Krafttier auf und spüren Sie ihm nach – seinen Bewegungen, seinen Stimmungen, seinen Impulsen ...

Gehen Sie dann mit Ihren Bewegungen mit ihrem Krafttier mit. Vielleicht schwanken Sie zunächst nur leicht hin und her, oder heben langsam ihre Arme oder drehen nur ein wenig den Kopf. Tun Sie nichts, sondern lassen Sie Ihr Krafttier Sie bewegen. Bleiben Sie mit ihrer Aufmerksamkeit bei Ihrem Krafttier. Forcieren Sie nichts – lassen Sie einfach zu, was aus Ihnen heraus, d.h. aus Ihrem Krafttier heraus geschieht.

Dieses Lauschen auf die Impulse Ihres Krafttieres ist dem Improvisieren in der Musik sehr ähnlich – man gibt den inneren Impulsen spontan im Hier und Jetzt Ausdruck.

Stehen Sie nicht selber aus dem Drachensitz auf, mit dem Sie Ihren Tanz begonnen haben – warten Sie darauf, daß Ihr Krafttier Sie aufsteht. Machen Sie dann nicht absichtlich große Schritte, sondern schauen Sie, wie sich ihr Körper aus Ihrem Krafttier heraus bewegen will.

Vielleicht haben Sie ihre Augen bei Ihrem Tanz offen, vielleicht aber auch geschlossen. Bewegen Sie sich dann ruhig mit geschlossenen Augen – Sie werden nicht anstoßen. Vielleicht fühlen Sie sich dabei anfangs sicherer, wenn Sie in einem Raum tanzen, wo nichts Zerbrechliches steht. Vielleicht haben Sie das Tanzen mit geschlossenen Augen ja auch schon einmal in der Disco probiert.

Falls Sie die Augen offen haben, ist es ratsam, „ins Leere" zu blicken, da man spätestens dann, wenn man einem anderen Menschen in die Augen blickt, leicht aus seiner Konzentration auf das eigene Krafttier herausfallen kann.

Vielleicht ist Ihnen das Tanzen mit geschlossenen Augen nicht geheuer, aber es ist nicht schwierig. So wie man intuitiv Dinge finden kann oder auch im Dunkeln im Wald, wenn man sich verirrt hat, seinem Körper sagen kann, daß man nach Hause will und dann den Impulsen des Körpers aus dem Wald hinaus folgen kann, genauso kann man auch „blind" den Impulsen des Körpers beim Tanzen folgen.

Versuchen Sie den Krafttiertanz ohne Musik und mit Musik. Ideal ist es natürlich, wenn man einen oder mehrere Freunde dabei hat, die passend zu den eigenen Bewegungen Musik improvisieren.

Vielleicht bleiben ihre Bewegungen gleichförmig, vielleicht werden sie aber auch immer schneller. Hier gibt es keine Regel. Schauen Sie, wieviel Kraft Sie von Ihrem Krafttier aufnehmen können, welche „Tanzgeschwindigkeit" Sie mitmachen können, wie lange der Tanz dauern kann ... Wie bei allen solchen Dingen ist das Maß anders, als man zunächst dachte – man kann ein bißchen schneller und länger tanzen und etwas mehr Kraft aufnehmen, als man dachte. Sollten Sie stolpern oder plötzlich erschöpft sein, ist das o.k. – werden Sie dann einfach etwas langsamer und machen Sie weiter.

Beenden Sie den Tanz, wenn sich das richtig anfühlt. Vielleicht ist der Tanz aber auch ganz langsam geblieben und Sie schleichen wie eine Schlange durch den Raum – auch das ist völlig o.k.

Bleiben Sie wach und bewußt bei dem Tanz und schauen Sie zu, was geschieht; spüren Sie, wie Ihr Krafttier Sie ganz erfüllt. Genießen Sie seine Bewegungen und seine Kraft.

Lassen Sie sich etwas Zeit, wenn der Tanz geendet ist, und spüren Sie der Kraft Ihres Krafttieres noch eine Weile nach. Danken Sie Ihrem Krafttier und legen Sie evtl. die Handflächen auf den Boden – das erdet gut.

Das Lauschen auf den richtigen Zeitpunkt, die richtige Bewegung, den richtigen Entschluß ist eine alte Weisheit – sie ist auch im Alltag sehr hilfreich.

Diese Art zu tanzen, findet sich in vielen archaischen Tänzen wie z.B. in allen Jagd-, Fruchtbarkeits- und Kriegstänzen. Bei diesen Tänzen beginnt der Tanz damit, daß man etwas Bestimmtes erreichen will, sich das Erreichte bildhaft und möglichst lebendig vorstellt und diesem Ziel dann zunächst durch den Tanz einen symbolischen Ausdruck gibt, der die Lebenskraft in die richtige Richtung in Bewegung setzt.

Man tanzt bei dieser Art von Tanz aus seiner Motivation und aus seinem Ziel heraus. Durch diese innere Orientierung ist der Tanz dann kein einfaches sich-Bewegen mehr und auch kein Austoben wie in der Disco, sondern man wird durch diesen Tanz mit immer mehr Kraft erfüllt – einfach deshalb, weil man dem, was man ist und was man will, Ausdruck gibt.

Man tanzt aus seinem Krafttier heraus nach außen in die Welt hinein. Diese Ausrichtung führt zu einem freien Fließen der Lebenskraft.

Der "klassische" Tiertanz ist ziemlich archaisch. Man braucht dazu einen schönen, abgelegenen Ort und ein paar Gleichgesinnte, die auch ihr Krafttier tanzen möchten, sowie ein paar Trommler. Dann entfacht man, wenn der Abend dämmert, ein Feuer und setzt sich um das Feuer und lauscht auf das eigene Krafttier, während die Trommler mit ihrem Rhythmus beginnen.

Wie bei dem eben beschriebenen Tanz wartet man nun auf die Impulse, die aus dem eigenen Krafttier kommen, und folgt ihnen – egal, ob man wie ein Wolf zu heulen beginnt oder wie eine Bachstelze umherhüpft. Wenn man solche Abenteuer nicht gewohnt ist, besteht am Anfang natürlich eine gewisse Befangenheit, aber die kann sich schnell legen, weil ein solcher Tanz etwas ausgesprochen Natürliches ist. Nach und nach werden dann alle um das Feuer tanzen und sich mehr oder weniger deutlich wie ihr Krafttier bewegen und einige von ihnen werden vermutlich auch wie ihr eigenes Krafttier fauchen, heulen, zwitschern oder knurren. Man braucht diese Art zu tanzen eigentlich nicht zu erlernen – es ist eher wie ein Wiederfinden von etwas Altvertrautem.

Man muß diesen Tanz nur beginnen, dann entwickelt er von selber eine große Eigendynamik, die sehr befreiend sein kann.

In den traditionellen Tiertänzen verkleiden sich die Tänzer meistens als ihr Krafttier, d.h. sie tragen sein Fell oder seinen Kopf oder eine Maske, die ihr Krafttier darstellt.

Solche Tiertänze sind schon seit mindestens 30.000 Jahre getanzt worden, da sich die Abbildung eines solchen Tiertänzers schon in den südfranzösischen Höhlenmalereien der Altsteinzeit findet. Einer dieser Tänzer trägt ein Hirschgeweih und scheint Bärenpfoten zu haben, während ein andere den Kopf eines Stieres trägt.

Eine Statue von einem Menschen mit Löwenkopf, die aus Mammutelfenbein geschnitzt wurde, ist 32.000 Jahre alt.

Hirschtänzer
28.000 v.Chr.

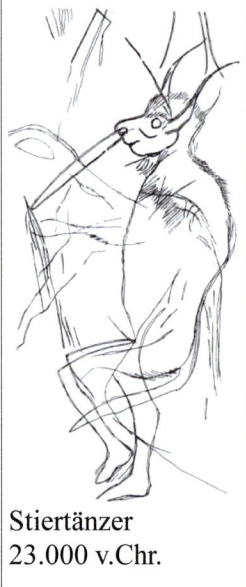

Löwenmann
33.000 v.Chr.

Mann mit
Raubtierfell (?)
33.000 v.Chr.

Stiertänzer
23.000 v.Chr.

Möglicherweise werden sich diese drei Tänzer nicht nur zum Rhythmus von Trommeln bewegt haben, denn es ist aus der frühen zeit der Höhlenmaler eine 22cm lange Flöte erhalten geblieben, die aus einem Flügelknochen eines Gänsegeiers hergestellt worden ist. Den Klang kann man sich im Internet auf „welt.de/floete" anhören. Die Flöte fand man nur 70cm von der „Venus von Hohle Fels" genannten Statuette der Großen Mutter entfernt, sodaß man annehmen kann, daß auf dieser Flöte unter anderem wohl auch für die Große Mutter gespielt wurde.

Die älteste Trommel, die man bisher fand, stammt aus Nordwestchina und wurde aus gebranntem Ton hergestellt.

Die altsteinzeitliche Tiertanz-Tradition wird in der Jungsteinzeit nach der Entdeckung des Ackerbaus und der Viehzucht um 10.000 v.Chr.

älteste Flöte, Schwäbische Alp
(35.000 Jahre)

unverändert fortgeführt.

Aus Catal Hüyük im Südosten der Türkei aus der Zeit von 7.000 v.Chr. stammen Bilder von Tänzern, die mit Panther-fellen bekleidet sind.

Bei den Alten Ägyptern gab es seit der Frühzeit um 3.200 v.Chr. eine Gottheit, die einen Löwenkopf und ein Löwenfell trägt und meistens tanzend dargestellt wird.

Von den Indianern sind besonders die Büffeltänzer gut bekannt, obwohl es auch Tänze für andere Tiere gab wie z.B. den Hirschtanz der Pueblo-Indianer.

Panthertänzer (Catal Hüyük, 7.000 v.Chr.)

der Löwentänzer-Gott Bes (Ägypten, 3.200 v.Chr.)

Büffeltanz (Nordamerika, ca. 1800 n.Chr.)

31

Schlangentänzer der Hopi-Indianer (Nordamerika, 1850 n.Chr.)

Hirschtanz der Pueblo-Indianer (Nordamerika, 2000 n.Chr.)

Büffeltanz (Nordamerika, ca. 1850 n.Chr.)

Eine sehr vielfältige Tradition hat sich vor allem bei den aztekischen Tänzern in Mittelamerika erhalten. Bei Ihnen finden sich unter anderem Tänzer mit dem Hirsch, dem Jaguar, der Maus, dem Krokodil, dem Adler, der Eule, dem Papagei und dem Quetzal-Vogel.

Hirschtänzer

Maustänzer

Jaguartänzer

Krokodiltänzer

Adlertänzer

Eulentänzer

Papageitänzer

Quetzal-Vogel-
Tänzer

Es gibt in den aztekischen Tänzen aber durchaus auch andere Gestalten, die durch den Tanz dargestellt werden wie z.B. den Todesgott Mictlantecuhtli, die Fruchtbarkcitsgöttin Mayahue, den Sonnen- und Kriegsgott IIuitzilopochtli, den Maisgott Xipe totec, den Federschlange-Gott Quetzalcoatl, den Wettergott Tlaloc und die Seele.

der Todesgott
Mictlantecuhtli

die
Fruchtbarkeitsgötti
n
Mayahue

Huitzilopochtli als
Kriegsgott

der Maisgott Xipe
totec

der Federschlange-Gott Quetzalcoatl	*Huitzilopochtli als Sonnengott*	*der Wettergott Tlaloc*	*die Seele*

Diese Tänzer führen noch heute in Mexiko die wichtigen Szenen aus der Mythologie der Azteken auf. Die zentrale Szene aus diesen Tänzen ist die Auferstehung des Maisgottes, die sowohl das Keimen des Maises wie auch die Auferstehung der menschlichen Seele darstellt – so wie sich dieses Gleichnis zwischen Mensch und Getreide in allen Ackerbauer-Mythologien findet. Der Tod ist der Zwillingsbruder des Maisgottes, die Kraft der Wildnis.

Die Analogie zwischen Mensch und Getreide ist auch bei uns gut bekannt: der Sensenmann, der ein Gerippe ist, das seine Sense bei der Ernte des Getreides und der Seelen schwingt ...

Die folgenden sechs Szenen stellen diesen zentralen Teil der aztekischen Tänze dar. Ich habe diesen Tanz auch einmal live vor dem Kölner Dom erlebt, wo er von drei aztekischen Tänzern und einem Trommler aufgeführt wurde. Ich habe mich auf die Erde gesetzt und mich den Kräften geöffnet, die der Maisgott-Tänzer, der Seelenvogel-Tänzer und die Fruchtbarkeitsgöttin-Tänzerin durch ihren Tanz gerufen haben. Der Seelen-Tänzer hat wohl gespürt, daß ich mich wirklich dem Tanz geöffnet hatte und nicht nur einer der Schaulustigen war – vielleicht auch, weil ich damals gerade zwei Zöpfe mit je einer Schwanenfeder trug. Jedenfalls hat der Seelenvogel-Tänzer am Ende des Tanzes nach der Auferstehungsszene die ganze Kraft des Tanzes zwischen seinen Händen konzentriert und sie mir wie eine Lichtkugel als Geschenk entgegengeschleudert – die Kraft dieses Tanzes, die ich da erhielt, war ziemlich heftig und seitdem fühle ich mich den aztekischen Tänzern eng verbunden.

Eine ähnliche noch immer lebendige Tanztradition, in der die wichtigste Mythe des Volkes dargestellt wird, gibt es auf Tahiti. Bei dem "Tapati Rapa Nui"-Fest wird ebenfalls die Auferstehung dargestellt, wobei die Darstellung hier um das Schiff kreist, auf dem die Jenseitswasser überquert werden sollen.

Von den Tänzern sind vor allem die Muttergöttin, der Tod und der Jenseitsfährmann noch deutlich zu erkennen. Die übrigen Tänzer sind zwar alle mit Erde bemalt, aber die Symbolik der Bemalung ist eher undeutlich und geht tendenziell ins Ornamentale.

der Tod

der Jenseitsfährmann

die Muttergöttin

Tänzer und Tänzerin

Tänzer

der König

Die Kraft solcher Tänze kann man eigentlich erst verstehen, wenn man selber einmal daran teilgenommen hat. Ich hatte das Glück, bei den Kalifis zwei Jahre lang traditionelle Tänze der Ewe aus Westafrika lernen zu können. Die Kalifis sind eine Gruppe aus vier Trommlern, zwei Tänzern und zwei Tänzerinnen, die uns Kriegstänze, Paarungstänze, Vogeltänze und ähnliches sowie die dazugehörigen einfachen Lieder beigebracht haben.

Anfangs habe ich mich gewundert, wieso die Afrikaner, die Indianer, die Griechen und viele andere Völker bloß diese fürchterlich anstrengenden Kriegstänze aufgeführt haben. Anschließend an diese Tänze war ich immer völlig erschöpft. Wenn nun ein Stamm die ganze Nacht durchtanzt, müssten er am nächsten Morgen doch so erschöpft sein, daß die Gegner die Tänzer nur noch einzusammeln brauchen. Dachte ich zumindest.

Eines Tages war ich wieder bei den Kalifis und hatte vorher gerade ein heftigen Streit mit dem Vorsteher des Finanzamtes gehabt, bei dem ich damals gearbeitet habe. Da stand ich nun mit meinem Holzschwert in der Hand zwischen den anderen Tänzern und Tänzerinnen und wartete darauf, daß die Trommler begannen. Fast ohne es zu merken, habe ich da den Finanzamtsvorsteher vor mir stehen gesehen und bei mir gedacht "Freundchen, jetzt werden wir zusammen mal ein Hühnchen rupfen!"

Daraufhin entwickelte sich der Tanz völlig anders als sonst. Ich brauchte auf einmal nicht mehr darauf zu achten, daß ich die richtigen Schritte machte, eine kriegerische Haltung einnahm, das Holzschwert richtig schwang, niemanden anrempelte und an der richtigen Stelle des Tanzes den alten Ewe-Häuptling Odessu anrief, der diese Kriegstanz nach einem Sieg erschaffen hat, um die Kraft dieses Sieges für seine Nachkommen zu bewahren. Stattdessen entstanden durch meinen Entschluß, mich von dem Vorsteher des Finanzamtes nicht unterkriegen zu lassen, alle meine Bewegungen wie von selber von innen heraus: die Haltung war einfach kämpferisch, weil ich kämpferisch war, meine Schritte fügten sich mit denen der anderen Tänzer und Tänzerinnen von selber zusammen und meine "Odessu"- Schreie hatten auf einmal Power.

Als der Tanz zuende war, mochte ich gar nicht wieder aufhören, soviel Kraft hatte ich auf einmal. Und wenn mir in dem Augenblick der Finanzamtsvorsteher begegnet wäre, hätte er den stillen Herrn Eilenstein aus dem Altaktenarchiv sicherlich nicht wiedererkannt.

Diese Haltung ist auch bei den Tiertänzen das, worauf es ankommt: Öffnen Sie sich ihrem Krafttier und lassen Sie den Tanz von innen nach außen fließen. Spüren sie den Instinkten Ihres Krafttieres nach – sie sind auch Ihre Wünsche und Ihr Krafttier ist ihr Verbündeter! Tanzen Sie ihr Krafttier, lassen Sie Ihr Krafttier durch sich hindurch tanzen – Ihr Krafttier ist ein wichtiger Teil Ihrer Wahrheit!

Wollen Sie sich die magische Kraft, die in diesen inneren Bildern liegt, aus denen heraus man bei den traditionellen Tänzen tanzt, mit einem kleinen Versuch anschauen? Dann probieren Sie einmal folgendes:

Legen Sie sich mit dem Bauch auf die Erde und bitten Sie einen Freund, sich zwischen Ihren Waden und Ihren Fersen quer auf Ihre Beine zu legen. Versuchen Sie nun einmal, ihn mit Ihren Beinen hochzuheben. Schwer, nicht wahr?

Stellen Sie sich nun vor, daß ein Lichtstrahl von Ihrem Scheitel bis in Ihre Fußsohlen hinableuchtet und daß Sie da nur ein kleines Daunenkissen auf den Beinen liegen haben. Sagen Sie dann innerlich einfach „Hepp!" und werfen Sie das „Kissen" in die Luft. Tauschen Sie danach die Rollen. Wenn Ihnen der Versuch gefällt, können Sie sich auch mal zwei oder drei Personen auf Ihre Beine legen.

Achten Sie bei dem Versuch darauf, wie sich die Bewegungen der Beine anfühlen – beim ersten Versuch sind es die Muskeln, die etwas tun, bei dem „Hepp!"-Versuch ist es die Lebenskraft, die die Person auf ihren Beinen hochhebt.

Ein wichtiger Aspekt der Tiertänze ist auch ihre Naturverbundenheit. Ein Walzer oder auch das klassische Ballett sind Tänze, die in der Kultur und nicht in der Natur stattfinden. Daher sind sie, insbesondere das Ballett, auch eher der künstlerische Ausdruck von Gefühlen und Stimmungen. Ich habe früher intensiv Ballett getanzt und es ist für einige Stimmungen der bestmögliche Ausdruck, genauso wie auch alle anderen Tänze der Ausdruck für bestimmte Stimmungen und Lebenshaltungen sind.

Manche heutigen Tänze enthalten noch indirekt die Tradition der Tiertänze – so habe ich z.B. beim Erlernen des Flamenco immer wieder gesagt bekommen: „Mach Adlerarme – breit und leicht gewölbt wie Flügel! Die Arme brauchen Spannung, als wenn Du fliegen wolltest – stolz und frei wie ein Adler!"

Die Tiertänze verbinden wieder mit der Natur, weshalb es auch eine gute Einstimmung für solche Tänze sein kann, wenn man überhaupt einmal in der Natur tanzt. Mein erstes Erlebnis dieser Art fand auf einem Rainbow-Fest statt, an dem ich einmal einen einfachen afrikanischen Tanz, den ich von den Kalifis gelernt hatte, angeleitet habe. Zunächst waren wir nur drei Tänzer und ein Trommler, den ich mühsam überredet hatte, für uns zu trommeln. Aber nachdem wir einmal begonnen hatten kamen nach und nach alle Trommler und auch immer mehr Tänzer zusammen.

Schließlich spielten etwa zwanzig Trommler in der Mitte der weiten Wiese zusammen, in der das Fest stattfand. Ringsum ragten die schneebedeckten nordspanischen Berge um das Hochtal empor, durch die Mitte des Tales floß ein breiter Bach, an einer Seite stand der weite Kreis aus Tipis und anderen Zelten und durch das Hohe Gras galoppierten von Zeit zu Zeit die halbwilden Pferde, die in dem einsamen Hochtal lebten. Mittlerweile waren wir an die dreißig Frauen, Männer und Kinder, die in einem großen Kreis zusammen tanzten und ringsum standen noch weitere Leute, die zuschauten und den Takt klatschten.

Nach und nach wurde das ganze immer archaischer, die Leute tauten immer mehr auf und tanzten immer begeisteter, einige zogen sich aus und bemalten sich mit dem Lehm vom Bachufer und tanzten dann wieder mit. Es war ein spontanes Fest der Verbundenheit mit der Erde und miteinander, mit der Sonne und der Luft – wir feierten das Leben.

Einer der zentralen Tänze ist der Sonnentanz, da durch diesen Tanz die eigene Seele gerufen wird und dadurch die eigene Mitte bewußt wird. Leider habe ich Papafio, den Chef der Kalifis nicht überreden können, uns den Sonnentanz der Ewe beizubringen, da er damit akzeptiert hätte, daß er die Nachfolge seines Onkels, der bei seinem Stamm in Burkina Faso der Medizinmann ist, annimmt. Und Papafio hatte wenig Lust, sich in seinem zukünftigen Leben mit den ganzen Schwarzmagiern in Afrika herumzuschlagen. Der Sonnentanz als Initiationstanz ist nicht nur in Afrika ausschließlich die Sache der Medizinmänner.

indianischer Bärentanz

Sonnentanz der Cheyenne

indianischer Vogeltanz

der Tod (Tibet)

Löwentänzer und Vogeltänzer (Tibet)

Garuda-Vogeltänzer (Indien)

*chinesischer
Löwentanz*

*Thailand, Manohra-
Tanz (Vogeltanz)*

chinesischer Drachentanz

7. Eigenschaften der Krafttiere

Auch wenn es empfehlenswert ist, zunächst einmal die Eigenschaften des eigenen Krafttieres selber zu erforschen, haben natürlich alle Wölfe, alle Orcas, alle Schmetterlinge usw. jeweils dieselben Eigenschaften – und auch einige Unterschiede, so wie auch nicht jeder Hund und jede Katze ganz genau gleich ist, obwohl sie sofort als Hund bzw. Katze zu erkennen sind.

Daher ist es durchaus hilfreich, auch die allgemeinen, äußeren Quellen über das eigene Krafttier zu erkunden, wenn man es schon recht gut kennengelernt hat.

Am naheliegendsten ist dabei die Beobachtung des betreffenden Tieres in der freien Natur oder, wenn dies nur schwer möglich ist wie z.B. bei Giraffen oder Nilpferden, zumindest in Zoos. Als Ergänzung eigenen sich auch Dokumentarfilme.

Dabei kann man diese Tiere zunächst einmal einfach von außen her beobachten, aber wenn man möchte, kann man in seiner Vorstellung auch in das Tier hineinschlüpfen und die Situationen aus der Sicht des Tieres erleben. Wenn man dies ausprobiert, sollte man am Schluß genauso bewußt wieder aus dem Tier heraustreten wie man vorher in es hineingeschlüpft ist – und man sollte das Tier im Außen nicht mit dem eigenen Krafttier verwechseln. Das eigene Krafttier und das beobachtete Tier im Außen sind Verwandte, aber nicht identisch. Man „besucht" lediglich das äußere Tier, um das eigene Krafttier besser kennenzulernen.

Es ist durchaus sinnvoll, sich für diese Beobachtungen Zeit zu nehmen, da man viele Dinge nicht sofort sieht. So erkunden z.B. Wölfe schritt für Schritt die ganze Umge-bung ihres Lagers, was man nicht bemerken wird, wenn man nur zur Fütterung der Raubtiere vor dem Freigehege steht.

Im Kölner Zoo habe ich einmal eine Szene erlebt, die mir sehr viel über Elefanten deutlich gemacht hat: Die Elefanten waren durch einen Wassergraben, aber nicht durch einen Zaun von den Zuschauern getrennt und eine dieser Zuschauerinnen holte aus ihrer Handtasche einen Apfel und begann ihn zu essen. Da streckte der Elefant seinen Rüssel aus, um den Apfel zu erhalten, aber die Frau aß ihn selber weiter. Da schlenderte der Elefant ein Stück fort und begann mit einem Autoreifen zu spielen und warf ihn dann auf einmal so zielsicher kurz vor der Frau in den Wassergraben, daß sie völlig durchnäßt wurde. Mir wurde dabei schlagartig klar, daß dieser Elefant Gefühle hatte, sich über die Frau geärgert hat und dann überlegt hat, wie er es ihr heimzahlen konnte - und dabei auch noch ganz bewußt Maß gehalten hat in seiner Wut und seinem Neid, denn er hätte den Autoreifen der Frau auch an den Kopf werfen können.

In Ergänzung zu den eigenen Beobachtung in der Natur oder im Zoo, kann man in zoologischen Büchern oder im Internet nachschlagen, was es an biologischem Wissen über die Tiere gibt, da man dabei viele Eigenheiten finden kann, die zunächst einmal beim einfachen Beobachten von Tieren nicht auffallen wie z.B. das Sehen der

Grubenottern im Infrarotlicht oder das gute Gedächtnis der Elefanten.

Als nächsten Schritt kann man dann schauen, ob man Bücher über die Erforschung des Verhaltens des betreffenden Tieres finden kann. Solche Bücher können vor allem in Bezug auf das soziale Verhalten des eigenen Krafttieres sehr aufschlußreich sein, da man selber in seinen sozialen Zusammenhängen zu denselben Gemeinschaftsformen neigt wie das eigene Krafttier. Dazu gehören solche fragen wie: Einzeln leben oder als Paar oder in Gemeinschaft? Wie werden die Begegnungen zwischen den Tieren organisiert? Sind Bindungen dauerhaft oder saisonal? Wer zeugt die Jungen? Wie werden die Jungen aufgezogen? ... in diesen Bereichen gibt es sehr große Unterschiede.

Dann gibt es noch eine nicht gleich so offensichtliche Möglichkeit, noch etwas über das eigene Krafttier zu erfahren: In der Homöopathie gibt es viele verschiedene Mittel, die aus dem Haar, den Federn, den Schuppen, der Milch oder einem anderen Körperteil eines Tieres hergestellt worden sind. Um die Eigenschaften dieses Heilmittels herauszufinden, nimmt eine Gruppe von Homöopathen dieses Mittel ein und beobachtet dann alle danach auftretenden Phänomene. Diese Phänomene werden dann sortiert, zusammengefaßt und in einer Arzneimittelprüfung veröffentlicht. Diese Prüfungen können Sie zu einem großen Teil (am besten unter ihrem lateinischen Namen) auch im Internet finden. Mein Freund Jörg Wichmann hat sie unter *www.homoeopathie-wichmann.de* zusammengestellt.

Beim Lesen dieser Prüfungen muß man jedoch bedenken, daß die Prüfer in erster Linie das Krankheitsbild, das zu dem betreffenden Tier gehört, beschreiben. So findet sich bei den Schlangen z.B. die Trennung von Körper und Psyche. Daher werden die Schlangen-Heilmittel eben den Patienten gegeben, die genau unter diesem Problem leiden. Die positiv-Variante der Schlangen-Mittel ist daher die Verbindung von Körper und Psyche. Das Erlebnis der Einheit dieser beiden Bereiche des Menschen wird z.B. im Yoga durch das Erwecken der Kundalinischlange im untersten Chakra, also durch die rückhaltlose Bejahung der eigenen Lebenskraft, erreicht.

Es ist beim Lesen dieser homöopathischen Arzneimittelprüfungen immer eine gewisse Übersetzungsarbeit notwendig, um das Krankheitsbild in das „Fähigkeitenbild" zu übertragen.

Schließlich kann man noch Märchen, Mythen und verschiedene spirituelle Traditionen nach Beschreibungen des eigenen Krafttieres durchforschen. Dies ist allerdings ein wenig mühsam, aber mithilfe des Internets mit einigem Aufwand doch möglich.

Es gibt inzwischen auch einige Bücher, die die Eigenschaften der einzelnen Krafttiere beschreiben.

Man sollte die Untersuchungen über das Verhalten, die Arzneimittelprüfungen und die Bücher jedoch alle mit einer gewissen Vorsicht betrachten, da man zwar davon ausgehen können wird, daß die Autoren aus einer aufrichtigen Haltung heraus geschrieben haben werden, aber es bleibt doch immer auch der subjektive Standpunkt des Autors, der das eine hervorheben und das andere vernachlässigen wird – so wie auch ich selber in diesem Buch.

Daher sollte man sich in erster Linie auf die eigenen Erlebnisse und Beobachtungen verlassen und alle schriftlichen Informationen als Anregungen nehmen, das eigene Krafttier und das eigene Verhalten und die eigenen Eigenschaften noch einmal in Hinblick auf die neu gefundenen Informationen zu betrachten. Vermutlich wird man den meisten Informationen bald zustimmen können, aber es erscheint mir sinnvoll, diese Informationen erst einmal durch die eigene Beobachtung zu bestätigen, ehe man sie in die eigenen Vorstellungen über das eigene Krafttier übernimmt. Ohne diese Vorsichtsmaßnahme könnten sonst diese unter Umständen auf das eigene Krafttier nicht zutreffenden Informationen ein falsches Bild über das eigene Krafttier entstehen lassen. Dadurch würde dann eine Distanzierung zu dem eigenen Krafttier entstehen und somit auch eine Behinderung der Möglichkeiten des eigenen Krafttieres, das eigene Leben zu verlebendigen.

Wenn Sie möchten, können Sie nach einer Weile auch einmal eine Hymne an ihr eigenes Krafttier schreiben, in der Sie eine Eigenschaften und Fähigkeiten beschreiben. Verfassen Sie diese Hymne vorzugsweise in „Ich bin ...“-Sätzen – dadurch drücken Sie zugleich aus, daß Sie dieses Krafttier sind und ebenfalls seine Eigenschaften, Neigungen und Fähigkeiten haben.

Eine solche Hymne könnte z.B. wie folgt beginnen:

„Ich bin der Gepard,
Ich bin der Herr der Savanne,
Ich laufe dem Wind davon,
Ich bin der Jäger,
Ich bin ...“

Vielleicht ist das Verfassen einer solchen Hymne zunächst etwas ungewohnt, aber es lohnt sich. Stellen sie sich dann einmal hin, richten Sie Ihre Aufmerksam auf Ihr Krafttier und lesen Sie diese Hymne laut vor. Lernen Sie sie später auswendig und sprechen Sie sie dann ... und lassen Sie es zu, wenn Sie dann zu improvisieren beginnen ... vielleicht wird dadurch ein neues, intensiveres inneres Feuer in Ihnen entfacht ...

8. Schamanen

Für die meisten Dinge in dieser Welt gibt es die Sachverständigen und die Profis. In Bezug auf die Krafttiere ist der Schamane der Profi.

Der Schamanismus ist die Urreligion auf allen Kontinenten. Er ist eng mit der Muttergöttin verbunden, die das zentrale Bild der Geborgenheit und der Heimat ist – auch noch in jedem heutigen Menschen. Der Schamane ist in erster Linie der Führer zur Muttergöttin.

Zu einem Schamanen wird man dadurch, daß man bei einem Unfall o.ä. beinahe stirbt und dabei mit seinem Lebenskraftkörper (Astralkörper) seinen materiellen Leib verläßt und zum Jenseitsfluß reist und dort die verstorbenen Ahnen trifft – aber dann eben doch wieder in seinen materiellen Leib zurückkehrt und weiterlebt. Solche Nahtoderlebnisse finden auch heute noch immer statt und es gibt über sie inzwischen reichlich Literatur. Die Szenerie ist bei allen Völkern und zu allen Zeiten dieselbe gewesen: Beinahetod – seinen Körper verlassen – davonschweben – Begegnung mit den Ahnen am Jenseitsfluß – Rückkehr in den eigenen Körper.

Durch Übung und Anleitung von erfahrenen Schamanen kann es dem beinahe Gestorbenen dann gelingen, diese Reise ins Jenseits absichtlich zu wiederholen, wodurch er dann selber zum Schamanen wird. Daraus ergeben sich dann die Aufgaben eines Schamanen:

1. Der Schamane reist den Ahnen, um von ihnen in Krisensituationen Rat und (magische) Hilfe zu holen. Diese Art der Verbindung mit den Ahnen lebt heute in Europa z.B. noch in den spiritistischen Sitzungen weiter.

2. Der Schamane holt die Seele nach dem Tod eines Menschen in ihren Schädel, ihre Mumie oder ihre Statue zurück, damit die Nachkommen dieses Toten weiterhin bei ihm sein können und seinen Schutz und Rat an ihrem Hausaltar, an dem sich der Schädel, die Mumie oder die Statue befindet, genießen können. Ein wichtiger Punkt in diesem Zusammenhang ist es, daß die einfachste Form des Lernens die Nachahmung der eigenen Eltern ist und man daher in archaischen Kulturen die verstorbenen Eltern auch weiterhin als Halt und Orientierung bei sich haben möchte. Diesen Halt durch die Eltern kann man heutzutage am direktesten in Familienaufstellungen erleben, die eine psychologische Heilumgsmethode ist, die von afrikanischen Medizin-männern stammt.

3. Aus der Möglichkeit, mit den Seelen der Verstorbenen Kontakt aufzunehmen, ergibt es sich, daß der Schamane auch die Visionssuchen der Jugend-lichen leitet, bei denen diese nach dem Kontakt mit ihrer eigenen Seele und mit ihrem Krafttier suchen.

4. Aus dieser Verbindung zu den Seelen und zu der Lebenskraft folgt, daß

die Schamanen auch bei Krankheiten helfen können, indem sie die Psyche des Kranken heilen, d.h. im Bereich der Lebenskraft schauen, welche Teile der Lebenskraft dort verlorengegangen, d.h. verdrängt worden sind, und diese Teile Teile dann zurückholen, d.h. dem Kranken wieder bewußt machen und ihn dadurch heilen.

5. Durch den direkten Kontakt zu der Lebenskraft, zu den Ahnen und zur Muttergöttin, der die Schamanen im Jenseits oft begegnen, sind die Schamanen auch zu den Leitern aller religiösen Zeremonien geworden.

Der Schamane ist zwar der klassische Helfer bei der Suche nach dem eigenen Krafttier, aber es ist durchaus auch möglich, entweder aus eigener Kraft das eigene Krafttier zu finden oder es auch mithilfe eines Menschen, der sein eigenes Krafttier schon kennt, zu finden.

Es gibt auch viele verschiedene Wege, um anderen zu helfen, das eigene Krafttier zu finden, die unter anderem auch von dem Charakter des eigenen Krafttieres abhängen.

Ich selber habe in den Schriften des Magierordens „Golden Dawn" die Beschreibung einer Meditation gefunden, die mich sofort so überzeugt hat, daß ich sie zweieinhalb Jahre lang täglich durchgeführt habe. Dabei stellt man sich vor, durch die Wüste zu einer mittelalterlichen Stadt zu gehen und dann den Tempel in der Mitte dieser Stadt aufzusuchen und sich dort „im Gebet zu entflammen" und die eigene Seele herbeizurufen.

Nach zwei Jahren kam mir in dieser Stadt plötzlich eine Frau entgegen und sagte zu mir „Ich bin die Wölfin." und wir umarmten uns. Ich verstand überhaupt nicht was eigentlich los war oder auch nur, warum diese Frau eine Wölfin war – ich war einfach nur glücklich, daß sie endlich wieder da war (was ich genausowenig hätte erklären können).

Erst nach und nach fiel mir dann verschiedene Dinge, die ich schon erlebt hatte, auf: Als ich von noch nicht laufen konnte, wurde ich von dem Schäferhund in dem Haus, in dem wir wohnten, sozusagen adoptiert und ich klammerte mich, wenn ich woanders hinwollte, an dem Schwanz des Schäferhundes fest und ließ mich von ihm durch die Wohnung ziehen. Mit etwa fünf Jahren habe ich einmal erlebt, wie eine Frau ihren Hund geschlagen hat und habe daraufhin beschlossen, daß ich, wenn ich einmal groß bin, etwas tun werde, um die Tiere zu schützen.

Schließlich erinnerte ich mich auch an mein „den Vollmond anheulen" und es wurde mir nach und nach klar, daß diese Wölfin wohl ein Teil von mir ist oder mit mir verwandt ist und daß sie sich auch schon immer in meinen Erlebnissen gezeigt hat. Nach einer Weile erschien sie dann in meinen Meditationen auch tatsächlich als Wölfin und wenige Wochen später hörte ich auch das erste mal etwas von Krafttieren und konnte das Erlebnis nun einordnen.

45

Wenig später hatte ich das Gefühl, mit einem meiner Freunde etwas bestimmtes tun zu müssen, ohne zu wissen, was es eigentlich ist. Als ich zu ihm ging und ihm das erzählte, mußte er schmunzeln, da er selber schon beschlossen hatte, mir etwas zu zeigen, das er von der Ethnologin Jo Wagner gelernt hatte. Diese Frau hatte in Afrika von den dortigen Wagangas, also den „Mondmännern", wie dort die Schamanen genannt werden, gezeigt bekommen, wie man die Seele und das Krafttier eines Menschen rufen kann.

Der Freund setzte sich dazu einfach hin und fing an, einen monotonen Rhythmus zu trommeln. Da tauchte auf einmal vor mir meine Seele auf, der ich in meinen Meditationen auch schon kurz nach meiner Wölfin in dem Tempel in der Stadt begegnet war. Dazu kam meine Wölfin und auch ein Löwe, was mich zunächst ziemlich irritierte, da ich dachte, daß man doch nur ein Krafttier haben könnte.

Die Methode dieses Freundes ist ziemlich sanft – er ist Stier mit einem Jungfrau-Aszendenten. Ein anderer Freund hat als Doppel-Skorpion eine etwas markantere Methode: Er schließt den Suchenden in ein Zimmer ein und geht dann in seiner Vorstellung in das Zimmer zu dieser Person und greift ihn mit seinem eigenen Krafttier an. Da er ein ziemlich furchterregendes Krafttier hat, bleibt dem Suchenden als Rettung nur übrig, sich seiner eigenen Seele und seines eigenen Krafttieres bewußt zu werden, was auch gut funktioniert. ... aber, wie gesagt, ein wenig rustikal, diese Methode ...

Auf der Suche nach einer Möglichkeit, mit deren Hilfe ich selber andere dabei unterstützen kann, ihr Krafttier und ihre Seele zu finden, habe ich nach und nach die „Traumreise zur eigenen Mitte" entwickelt. Dabei geht der Suchende in seiner Vorstellung durch ein Symbol der Mitte und sucht dann in der Vision, in der er dann ankommt, nach der Mitte, in der er dann seine Seele findet. Dabei erzählt er mir, was er sieht und ich gebe ihm Ratschläge, was er tun kann, um weiterzukommen.

Die klassische Methode seine Seele zu finden besteht darin, an einem einsamem Ort drei Tage zu fasten und zu beten. Manchmal ist dies eine Hügelkuppe, in anderen Traditionen ist es auch eine Höhle. Dabei sind der Schamane und einige Verwandte oder Freunde in der Nähe und unterstützen den Suchenden durch ihre Meditationen, Gebete und Gesänge.

Die älteste Darstellung eines Nahtoderlebnisses, bei dem die Seele (Vogel) aus dem materiellen Körper austrat, findet sich schon in gut 30.000 Jahre alten den südfranzösischen Höhlenmalereien von Lascaux. Der dort abgebildete Jäger wurde offenbar von einem Wisent schwer verletzt, aber hat den Unfall offenbar doch gut überstanden und ist dann Schamane geworden – zumindest liegt die Annahme nahe, daß man nicht einen einfach einen tödlichen Jagdunfall, der ja vermutlich nichts besonders seltenes gewesen sein wird, abgebildet haben wird. Der Wisent selber ist ebenfalls durch einen Speer schwer verletzt und wird wohl kaum überlebt haben. Vor dem Mann am Boden sieht man seine Seele (Vogel) auf einem Stab, d.h. sie ist „oben" = die über dem Mann schwebenden Seele.

9. Trance

„Trance" ist ein ziemlich schillernder Begriff – genauso wie Ekstase. Beides bedeutet wörtlich „hinübergehen". Das, über das man hinübergeht, ist die Grenze zwischen Diesseits und Jenseits, die meistens als Jenseitsfluß erlebt wird.

Die eigentliche Trance-Ekstase-Übergang ist also der Tod – und in umgekehrter Richtung die Zeugung. Da es sich bei der Zeugung und dem Tod um denselben Übergang handelt, finden sich in Nahtodberichten und in Berichten von Kindern, die sich an ihre Geburt, ihre Zeugung und die Zeit davor noch erinnern können, dieselben Bilder – nur in entgegengesetzter Reihenfolge. Beim Beinahetod ist dies das Verlassen des Körpers, das Schweben über dem eigenen Körper, das Erreichen des Jenseitsflusses und schließlich die Begegnung mit den weißstrahlenden Seelen der Ahnen. In den vorgeburtlichen Erinnerungen wird zunächst der Abschied von der Gemeinschaft der weißleuchtenden Gestalten beschrieben, dann ein spiraliger Sog zu den zukünftigen Eltern hin, die sich gerade sexuell vereint haben (Lebenskraft-Wirbel), dann das Schweben über den Eltern und schließlich das Eintreten in die befruchtete Eizelle.

Die Trance/Ekstase des Schamanen besteht nun darin, diesen Weg zu dem Reich der Seelen, also zu den weißleuchtenden Gestalten auch bewußt (und ohne dabei zu sterben) gehen zu können. Auch die meisten Meditationen sind auf dieser inneren Geographie aufgebaut.

Nun gibt es noch eine zweite Grenze, die man mithilfe der Trance überschreiten kann. Dies ist die Grenze zwischen dem Wachbewußtsein und dem Unterbewußtsein, das dem Lebenskraftkörper entspricht. Die Schamanen überschreiten also bei ihrer Reise zu den Ahnen gleich zwei Grenzen: Zunächst überqueren sie die Schwelle zwischen dem Wachbewußtsein und dem Unterbewußtsein – dies entspricht einer Traumreise und führt zu der Wahrnehmung der Lebenskraft und somit auch des Krafttieres, das auf dieser Ebene existiert. Danach überqueren die Schamanen den Graben zwischen dem Unterbewußtsein und dem Tiefschlaf, also dem Land der Seele – dies entspricht der Astralreise und führt zu der Wahrnehmung der Seelen, deren Bereich mit dem Tiefschlafbewußtsein identisch ist.

Wenn der Schamane lediglich ein Krafttier finden will, genügt eine Traumreise. Wenn er jedoch die Seele eines Menschen finden will, benötigt er entweder die Astralreise oder trifft sich mithilfe einer Traumreise mit der Seele „auf halbem Wege" im Bereich der Lebenskraft, also im Unterbewußtsein.

Die Trance, die zum Kennenlernen des eigenen Krafttieres notwendig ist, ist also lediglich die Traumreise. Um diesen Übergang zu erreichen, ist das Gespräch mit dem eigenen Krafttier, die innere Vorstellung der Begegnung mit dem Krafttier und die Nachahmung des eigenen Tieres im Tanz hilfreich. Letztlich ist diese Form der Trance nicht besonders schwer oder exotisch, da sie fast jeder von lebhaften Tagträumen kennt oder auch vom morgendlichen Erwachen, wenn man noch in paar

Sekunden weiterträumt, obwohl man schon wachbewußt ist. Mit ein wenig Übung kann diese Gleichzeitigkeit von Wachbewußtsein und Traumbewußtsein (=Unterbewußtsein) etwas ganz selbstverständliches werden.

Diese verschiedenen Bewußtseinszustände kann man unter anderem durch das EEG unterscheiden: der Tiefschlaf hat eine Frequenz von 3 Hz, der Traumzustand hat 6Hz, das Wachbewußtsein 12Hz und der Erregungszustand wie z.B. bei Angst oder beim Orgasmus hat 24Hz. Jeder Bewußtseinszustand hat vom Tiefschlaf aus gesehen eine doppelt so hohe Frequenz wie der vorherige, d.h. er seine „höhere Oktave".

Auf dieser Landkarte befinden sich dann bei jedem Schamanen natürlich auch deren persönliche Erlebnisse, sein Krafttier u.ä. dargestellt, aber die Grundstruktur dieser Landkarten, die die Schamanen oft auf ihre Trommel malen, ist immer dieselbe. Ganz innen in der inneren Welt ist die Muttergöttin.

Bewußtsein		Symbole	Schamane		Zeugung (von oben nach unten)	Tod (von unten nach oben)
Erleben	**EEG**		*ins Jenseits (von unten nach oben)*	*und zurück (von oben nach unten)*		
		Mutter-göttin				
Tief-schlaf	3Hz	Seelen	Gespräch mit den Ahnen und Bitte um Hilfe	Abschied von den Ahnen	Gemein-schaft der Seelen	von Ahnen (Seelen) empfangen werden
2. Über-gang		Jenseits-fluß	Jenseitsfluß überqueren „(Jenseits-fährmann")	Jenseitsfluß überqueren „(Jenseits-fährmann")	Gemein-schaft verlassen	den Jenseits-fluß über-queren
Unterbe-wußt-sein, Traum	6Hz	Schwe-ben => Vogel; Krafttier	mit Krafttier durch die Lebenskraft reisen	mit Krafttier durch die Lebenskraft reisen	das zukünf-tige Leben vor sich sehen	über dem Körper schweben
1. Über-gang		nach innen wenden	nach innen wenden, Kör-per verlassen („Vogel")	Rückkehr zum eigenen Körper	Lebenskraft wirbel zieht die Seele in die Mutter	den Körper verlassen
Wachbe-wußtsein	12Hz	materiel-le Welt	Beschluß zur Trance-reise	Reise / Rat der Ahnen berichten	Seele ist im Embryo	Tod des Körpers

Zum Erreichen einer Trance gibt es zwei grundlegende Möglichkeiten. Die erste Methode ist ursprünglich die Darstellung des Todes: zur Ruhe kommen, langsames Atmen, die Aufmerksamkeit nach innen richten, meditieren, sich entspannen, auf die inneren Bilder achten, Astralreise ... Die zweite Methode ist ursprünglich die Nachahmung des Großraubtieres: immer schneller tanzen, schneller atmen, Sexualität, Feuer, Erwachen der Kundalinischlange, trommeln, singen, rufen, schreien, stampfen ...

Der indische Gott Shiva stellt beide Formen der Trance dar: er ruht in tiefer

Versenkung in den schneebedeckten Bergen des Himalaya und er ist der Gott des Tanzes, des Feuers und der Sexualität.

In der folgenden Abbildung hält der meditierende Shiva in seiner linken hinteren Hand die kleine indische Damaru-Trommel, die er benutzt, um seine tanzende, bewegte Trance zu erreichen. Der sibirische Schamane hält in seiner Hand die typische Schamanentrommel, die aus einem Rahmen, über den ein Fell gespannt ist, besteht. Dieses Modell der Trommel findet sich in fast allen schamanischen Kulturen. Der unten abgebildete Schamane hat einen Hirsch als Krafttier, wie man an den Hirschhörnern auf seinem Kopf sehen kann.

meditierender Shiva

tanzender Shiva

sibirischer Schamane

nepalesischer Schamane

10. Tiere und Tiergottheiten

In vielen Religionen gibt es auch tiergestaltige Gottheiten. Am bekanntesten sind sie sicherlich aus Indien und aus dem alten Ägypten. Es liegt nahe, einen Zusammenhang zwischen diesen tiergestaltigen Gottheiten und den Krafttieren zu vermuten. Um diesen Zusammenhang zu ergründen, ist es hilfreich, die gesamte Entwicklung der Tiersymbolik zu betrachten.

Zunächst einmal waren die Tiere in Altsteinzeit und davor ein wesentlicher Teil der Umwelt der damaligen Menschen – sei es als ersehnte Beutetiere oder als gefürchtete Raubtiere, die ihrerseits die Menschen als Beute ansahen. Daraus wird sich zwangsläufig eine genaue Kenntnis der Eigenschaften, der Fähigkeiten und des Verhaltens dieser Tiere ergeben haben, sodaß für jeden Neandertaler die Worte „Reh", „Bär" oder „Mammut" viele konkrete Bilder und Erinnerungen wachriefen. Die Bezeichnungen der Tiere waren also sehr lebendige Begriffe, die an zentralen Stellen in den Vor-stellungen der damaligen Menschen standen. Die ältesten erhaltenen Darstellungen von Tieren sind kleine geschnitzte Elfenbeinfiguren.

Es ist aber gut denkbar, daß es auch schon vor den Höhlenmalereien Gemälde von Tieren auf Fellen, Steinplatten u.ä. gegeben hat, da es deutlich einfacher ist, Tiere zu malen als zu schnitzen. Solche Kunstwerke auf vergänglichen „Leinwänden" haben sich leider nicht erhalten können.

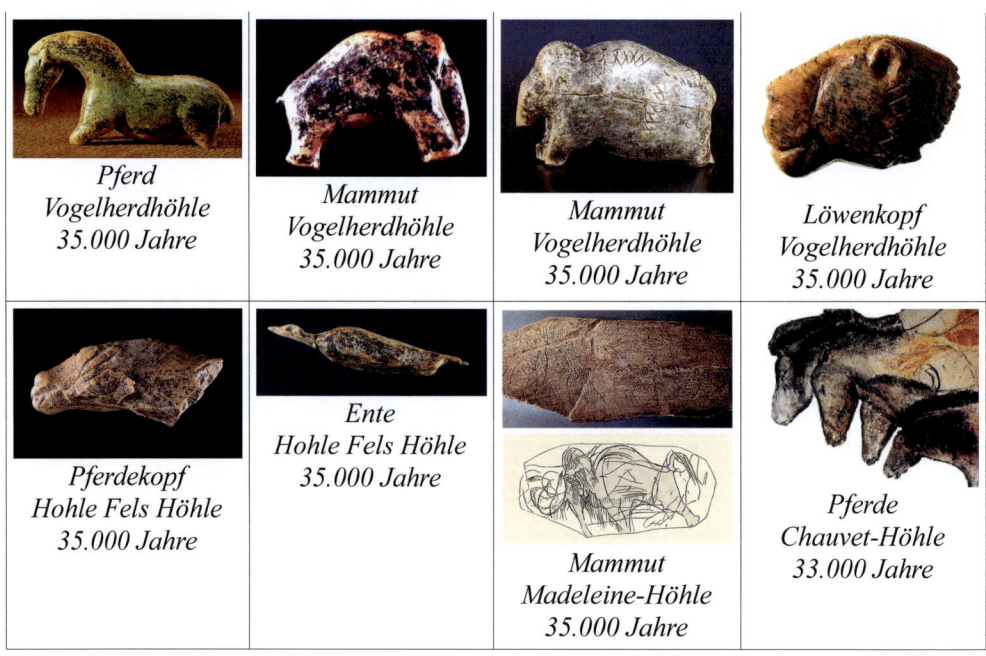

Pferd
Vogelherdhöhle
35.000 Jahre

Mammut
Vogelherdhöhle
35.000 Jahre

Mammut
Vogelherdhöhle
35.000 Jahre

Löwenkopf
Vogelherdhöhle
35.000 Jahre

Pferdekopf
Hohle Fels Höhle
35.000 Jahre

Ente
Hohle Fels Höhle
35.000 Jahre

Mammut
Madeleine-Höhle
35.000 Jahre

Pferde
Chauvet-Höhle
33.000 Jahre

| Bären
Chauvet-Höhle
33.000 Jahre | Nashörner
Chauvet-Höhle
33.000 Jahre | Mammut
Pech Merle-Höhle
25.000 Jahre | Raubkatze
Namibia
25.000 Jahre |
| Wisent
Altamira
18.000 Jahre | Reh
Altamira
18.000 Jahre | Pferd
Lascaux
17.000 Jahre | Ren
Kesslerloch
15.000 Jahre |

Durch die intensiven Assoziationen mit den Namen der Tiere lag es nahe, die Namen der Tiere auch zur Bezeichnung von allgemeinen Qualitäten zu benutzten. So war z.B. ein Jäger stark wie ein Löwe oder eine Sippe so fruchtbar wie eine Rinderherde. Folglich wurde das Fell des Großraubtiers zum Zeichen des stärksten Jägers, der selber dieses Großraubtier erlegt hat. Der „Löwenmann" als stärkster Jäger findet sich in einer 32.000 Jahre alten Mammutelfenbeinfigur dargestellt.

Außer dem Löwenmann und dem bekannten Hirschtänzer gibt es nur noch eine dritte Darstellung eines Mannes, der auf dem betreffenden Bild eine Stiermaske trägt.

Die Hörner der Rinder oder anderer Herdentiere waren das Symbol für die Fruchtbarkeit, zumal die hohlen Kuhhörner auch noch an die weibliche Vagina erinnern. Der „Löwenmann" ist die einzige männliche Statuette aus der Altsteinzeit, während es eine große Anzahl von an Statuetten der Muttergöttin gibt.

Es gibt einige Frau-Kuh-Mischformen in der Höhlenmalerei und in einer Felsritzung hält eine Frau ein Kuhhorn, aus dem dann in den späteren Mythen das Füllhorn wurde, in ihrer Hand. In einer anderen Felsritzung ist die Mutter wie auf einer Skatkarte doppelt abgebildet worden: die Mutter, die alle Menschen im Diesseits gebiert und die alle Menschen im Jenseits wiedergebiert.

Diese Frauendarstellungen sind für die Menschen das, was für die Löwen die Löwenmutter, für die Biber die Bibermutter usw. ist – die Gottheit, die alles ist, was ein Mensch, Löwe, Biber usw. ist und braucht.

Venus vom
Hohle Fels
(35.000 Jahre)

liegende Venus
aus der
Schwäbischen
Alp (35.000
Jahre)

Venus vom
Galgenberg
(32.000 Jahre)

Venus von
Malta
(32.000 Jahre)

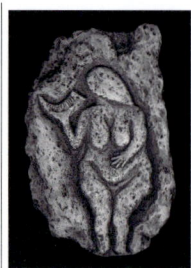

Venus von
Laussel (Frau
mit Kuhhorn,
27.000 Jahre)

Höhlenmalerei:
Kuh-Frau-
Mischformen

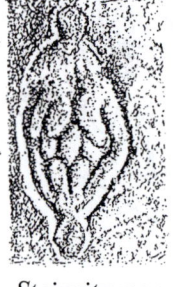

Steinritzung:
zweifache
Große Mutter

Venus von
Willendorf
(25.000 Jahre)

Venus von
Gagarino

Venus von
Kostienki

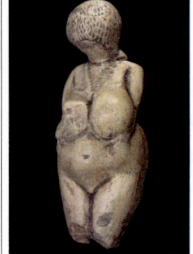

Venus aus
Rußland

Venus von
Avdeevo

Venus von
Brassempouy I
(18.000 Jahre)

Venus von
Brassempouy
II
(18.000 Jahre)

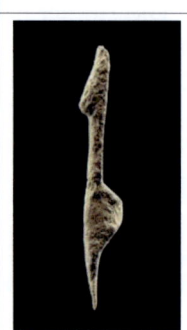

Venus von
Sachsen-Anhalt
(17.000 Jahre)

Venus vom Pertersberg (15.000 Jahre)

Venus von Nebra (15.000 Jahre)

Venus von Mierlo (11.000 Jahre)

Cucuteni-Kultur (7.000 Jahre)

Kuh-Frau-Mischform, Ägypten (5.500 Jahre)

Als die Menschen aufgrund der Astralreisen bei den wohl recht häufig vorkommenden Nahtoderlebnissen zu dem Schluß kamen, daß es eine Seele geben muß, die nach dem Tod weiterexistiert, war die einzige Möglichkeit, dieses abstrakte Konzept mithilfe der Bilder aus der Natur zu beschrieben, denn etwas anderes gab es damals noch nicht.

Die Seele wurde folglich als Vogel dargestellt, da die Seele /Astralkörper beim Nahtoderlebnis eben über dem materiellen Leib schwebt, also fliegt – die Seele ist also „wie ein Vogel". Daher erhielt die Seele in allen Kulturen die Gestalt eines Menschen mit Flügeln, eines mit Federn gekleideten Menschen, eines Vogels mit Menschenkopf oder einfach die Gestalt eines Vogels.

Das Urbild der Mutter, das noch heute in jedem Menschen das Fundament der Psyche bildet, wird damals einfach die „Große Mutter" gewesen sein. So wie die Menschen im Diesseits von einer Mutter geboren werden, so wurden folglich die Seelen auch im Jenseits von der Großen Mutter wiedergeboren. Da die Babys aus dem Fruchtwasser in der Gebärmutter ihrer Mutter kommen, sollten auch die Seelen aus einem Wasser heraus auftauchen. Daraus ergab sich dann das Bild einer zweifachen Großen Mutter, die im Diesseits und im Jenseits alle Menschen bzw. ihre Seelen gebiert. Das Jenseits sollte zudem analog zu den Wasser in der Gebärmutter eine Wasserunterwelt sein.

Somit war die „Große Mutter" die Mutter im Diesseits und die Mutter im Jenseits, die Geburt und Wiedergeburt gab, die die Gestalt einer Kuh hatte und die das „Große Wasser" war, aus dem alles Leben kam und die alles Leben zurückkehrte. Diese vier Eigenschaften, also 1. das Diesseits/Jenseits, 2. die Geburt/Wiedergeburt, 3. die Mutter-Kuh und 4. das Große Wasser lassen sich noch bei allen Göttinnen in der frühen historischen Zeit wiederfinden.

Ein Beispiel für diese Muttergöttin-Symbolik ist die ägyptische Himmelsgöttin Nut. Ihr Name bedeutet „weibliches Wasser", sie und somit auch der Himmel wird oft als Kuh dargestellt, Nut und der Himmel werden oft auch als „das große Wasser" bezeichnet, und sie gebiert am Morgen die Sonne (Leben/Diesseits) und verschlingt sie am Abend wieder (Tod/Jenseits).

Der Schamane, der in der Lage war, zu den Ahnen und zu der Großen Mutter zu reisen, war in Bezug auf die Lebenskraft die stärkste Person, weshalb er als sein Zeichen wie der stärkste Jäger das Fell des Großraubtiers, also des Bären, des Löwen, des Tigers, des Panthers, des Leoparden oder des Jaguars trug. In der folgenden Abbildung ist ein germanischer Berserker, also ein „Bärenhäuter" dargestellt, der hier seine Fähigkeiten für den Kampf einsetzt. Links von Ihm steht eine Gottheit mit einem Hörnerhelm.

In diesem Zeit werden die Schamanen auch entdeckt haben, daß jeder Mensch nicht nur die Eigenschaften eines bestimmten Tieres hat, sondern daß dieser Mensch im Bereich der Lebenskraft auch von einem solchen Tier begleitet wird. Die Schamanen können die Krafttiere der Menschen kaum übersehen haben, denn die Schamanen waren ja ständig im Bereich der Lebenskraft unterwegs, um ihre Stammesmitglieder zu heilen.

Die Tiere selber erhielten schon in der Altsteinzeit aufgrund der Jenseitssymbolik weitere Bedeutungen, die über die einfache Tierbeobachtung hinausgingen und die sich noch in allen frühen Mythologien wiederfinden: Die Vögel wurden allgemein mit der Seele assoziiert, alle Wassertiere mit der Wasserunterwelt, alle Herdentiere wurden zu Symbolen der Fruchtbarkeit und alle Raubtiere verknüpfte man mit dem Schamanen. Der Hund als Begleiter des Menschen auf der Jagd wurde auch zum symbolischen Begleiter des Schamanen auf seinem Weg ins Jenseits. Die Schlange als auf der Erde lebendes Tier wurde ebenfalls mit der Unterwelt assoziiert.

Die Jungsteinzeit begann mit dem Ackerbau, durch den eine völlig neue Welt für die Menschen entstand. Nun wurde für sie der Acker, die Weide, der Himmel und sein Wetter und die Jahreszeiten wichtig und sie lebten nun in viel größeren Gemeinschaften und begannen feste Siedlungen zu errichten.

Um diese Welt zu beschreiben hatten sie nur die Bilder aus der Natur und die Beschreibungen der „Großen Mutter", der Seele und des Jenseits zur Verfügung. Um auf die Zusammenhänge des Ackerbaues zu passen, mußten diese Bilder nun „vergrößert" und z.T. umgewandelt werden.

Da die Sonne und der Regen und die Jahreszeiten existentiell wichtig wurden, richtete sich die Aufmerksamkeit auf den Himmel, was schließlich dazu führte, daß das Jenseits an den Himmel verlegt wurde. Dadurch wurde der Himmel zu einem riesigen Meer – eben zu den Wassern des Jenseits. Auch die Große Mutter selber wurde nun als der Himmel angesehen und da die Große Mutter eng mit der Kuh als Fruchtbarkeitssymbol assoziiert war, sah man den Himmel oft auch als eine riesige Kuh an.

Um zum Himmel zu gelangen, brauchte man nun etwas, das zum Himmel hinaufragt, also einen Baum, der vergrößert dann zum Weltenbaum wurde. Da die Sonne offensichtlich nur den halben Tag zu sehen und folglich im Diesseits war, mußte sie die andere Hälfte des Tages in der Unterwelt unter der Erde sein. Der Weg der Sonne entsprach somit auch dem Weg in die Unterwelt. Da die Schlange bereits als Tier der Unterwelt galt, mußte sie folglich in der Unterwelt sein – so wurde sie zur Riesenschlange, deren Maul sich im Westen befindet, wo die Sonne untergeht (um die Sonne bei ihrem Tod am Abend zu verschlingen), und deren Schwanzende sich im Osten, wo die Sonne aufgeht befindet.

Die Erde selber wurde nun zum Menschen, zu dem Verstorbenen, zu dem „Erdling" – dies ist die wörtliche Bedeutung des aus Lehm erschaffenen Adam, des ägyptischen Erdgottes Atum, des indischen Urmenschen Yama, des persischen Urmenschen Yima, des germanischen Urriesen Ymir ... Der Name des „Erdlings" der jungsteinzeitlichen Ackerbauern vor gut 10.000 Jahren in Mesopotamien, von dem alle diese mythologischen Gestalten abstammen, wird vermutlich in etwa „Adama" gelautet haben.

Der „Erdling" ist sowohl die Erde selber als auch der Urahn aller Menschen – hier wurde der Mensch selber zur Beschreibung der Erde in einen Riesenmenschen vergrößert. Die Nachkommen des Erd-Menschen waren dann die schon deutlich kleineren Riesen und Titanen, deren Nachkommen dann schließlich die „normalgroßen" Menschen waren.

Das Getreide wurde ebenfalls als ein Mensch angesehen, der dasselbe Schicksal wie die Menschen erleidet: Der Korngott wird bei der Saat gezeugt, beim Keimen geboren, beim Wachsen lebt er, bei der Ernte stirbt er, im Vorratslager ist er im Jenseits und bei der Aussaat im nächsten Jahr wieder er wiedergeboren. Dieses Gleichnis, das sich in allen Ackerbaukulturen findet, regte auch die Vorstellung von der Reinkarnation an.

Aufgrund dieser Analogie entstand auch die Vorstellung des Kulturgottes, der zugleich das Getreide und auch die Toten verkörperte. Er wurde jedes Jahr von seinem Bruder, dem Gott der Wildnis und des Winters getötet. Dieses Gegensatz zwischen diesen beiden Zwillingsbrüdern ist die zentrale Struktur in den Vorstellungen fast aller Ackerbaukulturen.

Es entstanden nun auch Zusammenfassungen dieser Symboliken. Aus dem Schamanen, seiner Vogel-Seele und seinem Löwenfell-Abzeichen wurde die geflügelte Sphinx; aus dem Stier als Symbol der Fruchtbarkeit und Zeugungskraft des verstorbenen Menschen wurde der stierköpfige Minotaurus; aus dem Pferd als Symbol der Zeugungskraft der Toten wurde der Zentaur; aus der Ziege als Symbol der Zeugungskraft und dem verstorbenen Menschen wurde die Faune und Pan (Rinder, Pferde und Ziegen waren die wichtigsten Herdentiere der frühen Ackerbauern); aus der Schlange als Jenseitstier und der Zeige als Fruchtbarkeitssymbol wurde der Basilisk (ziegen-köpfige Schlange); und aus der Gesamtheit der Tiere, aber vor allem aus der Riesen-schlange, wurde der Drache mit dem Leib einer Schlange, dem Kopf und den Tatzen eines Tigers, den Hörnern eines Hirsches und den Barteln eines Wels.

Aus dieser zusammenfassenden Tiersymbolik stammen die mythologischen Kraft-tiere wie der Zentaur, das Flügelpferd, der Drache usw., die in der Liste der mir selber begegneten Krafttiere (2. Kapitel) immerhin 9% der Krafttiere ausmachen. Diese Krafttiere sind somit eigentlich mehrere Tiere, die durch ihre Symbolik in den Jenseitsvorstellungen zu einem Wesen verschmolzen sind.

Auch an anderen Stellen finden sich die wichtigsten Tiere in Zusammenstellungen. So sind die Symbole der vier Evangelisten der Mensch, d.h. der Schamane/Prophet (Matthäus), der Löwe der Stärke (Markus), der Stier der Fruchtbarkeit (Lukas) und der Adler als Seelenvogel (Johannes). In den meisten Schwitzhüttenzeremonien wer-den die Schlange (Jenseitsführer), der Bär (Stärke), der Adler (Seelenvogel) und die Kuh (Fruchtbarkeit) angerufen.

Es sind beide male fast dieselben Tiere, obwohl die christliche und die indianische Tradition weit auseinander stehen: der Bär/Löwe der Kraft, der Adler als Seelenvogel, der Stier bzw. die Kuh der Fruchtbarkeit und schließlich der Mensch/Schamane bzw. die Schlange als Jenseitsführerin. Es sind in beiden Fällen die vier wichtigsten Gestalten der steinzeitlichen Jenseitsvorstellungen: Der Schamane, der in der Lage ist, einen Körper zu verlassen und ins Jenseits zu reisen (Seelenvogel) und dort die Große Mutter (Kuh) zu treffen, wodurch er über die größte magische Kraft (Großraubtier) verfügt.

Die nächste Verwandlung der Symbolik entstand zum Beginn des Königtums, in dem nach und nach alles der dem König und dem Sonnengott als Mitte der Welt untergeordnet wurde. Dadurch wurde die Sonne zum Vater des Königs, der Löwe und die anderen Großraubtiere zum Symbol der Stärke des Königs, der größte Raubvogel zum Seelenvogel des Königs und die Riesenschlange schließlich zum Feind der Sonne und des Königs, da der König nun auch der Herr des Jenseits werden wollte. Auf diese Weise wurde die Schlange und der Drache zu einem Dämon, den es zu bekämpfen und zu vernichten galt.

Das Großraubtier findet sich noch heute in der Symbolik von „Stärke" auf Wappen und Fahnen als Löwe oder Bär. Der Adler hat in diesem Zusammenhang dieselbe Bedeutung. Die Könige nannten sich auch gerne nach dem Löwen oder dem Bären: Richard Löwenherz, Heinrich der Löwe oder Harun al-Rashid (Harun der Löwe).

Die besonders verehrten Ahnen wurden im frühen Königtum zu Gottheiten und auch die Krafttiere wurden zu Prinzipien und somit zu Gottheiten erhoben. Diese Tier-gottheiten behielten die Symbolik, die sie innerhalb der Jenseitsvorstellungen hatten, aber wurden nach und nach der Zentralherrschaft des Sonnengottes unter-geordnet und wurden entweder sein Wesir, sein Schreiber, sein Feldherr oder eben zum Feind - wie in den meisten Fällen der Schlange.

Die Kriege sind eine Erfindung des Königtums, sodaß nun vor allem das Großraubtier als Symbol der politischen Macht des Königs und der Raubvogel als königliche Vogelseele auch zu Kriegsgöttern wurden. Die Ekstase der Schamanen wurde dabei zu einer Ekstase der Krieger weiterentwickelt, wodurch die früheren Schamanenbünde nun zu Bünden von Elitekriegern mit magischer Macht wurden: die Berserker bei den Germanen, die Leopardenbünde in Westafrika u.a. Dadurch erhielt nun auch der stärkste Krieger das Großraubtierfell als Abzeichen wie z.B. Samson oder Herakles.

Vor allem in Indien hat sich die Vorstellung der Krafttiere bei der Entstehung der Götter erhalten. Bei der Vergrößerung der Ahnen zu Gottheiten und zu Prinzipien wurden in Indien aus den Krafttieren der Ahnen nun die Reittiere der Götter. So ist z.B. das Krafttier des Vishnu der Seelenvogel Garuda, das Krafttier des Indra der Elefant Airavata, das Krafttier des Elefantengottes Ganesha die Ratte und das Krafttier des Gottes Shiva der Tiger.

Es ist aber nicht jede Zusammenstellung eines Menschen mit einem Tier in der Religion unbedingt ein Menschen mit seinem Krafttier. So ist z.B. das Großraubtier in aller Regel einfach ein Symbol der körperlichen Stärke (Jäger), der magischen Stärke (Schamane) oder der politischen Stärke (König). Ebenso sind die Kuhhörner im allgemeinen einfach ein Symbol der Fruchtbarkeit oder, wie bei den Kelten und den Sumerern, in verallgemeinerter Form einfach nur noch ein Symbol für „Gottheit".

Gegen Ende des Königtums verflachte diese Tiersymbolik dann zu Fabeln, Märchen und Geschichten und noch später gegen Ende des Materialismus schließlich zu Comics, in denen Tiere die handelnden Personen sind. Aber selbst in diesen Geschichten haben sich allgemeinen Qualitäten der Tiere weitgehend erhalten können.

Wenn man die Symbolik eines Tieres betrachtet, kann man also acht Schichten unterscheiden:

Symbolstufe	Zeit	Tiersymbolik
1. Stufe	Altsteinzeit und vorher	das konkrete Verhalten der Tiere
2. Stufe	Altsteinzeit	die Beschreibung von Menschen durch den Vergleich mit Tieren
3. Stufe		die teilweise Beschreibung des Jenseits mithilfe von Tieren

Symbolstufe	Zeit	Tiersymbolik
4. Stufe	Jungsteinzeit	die „Vergrößerung" der Tiere, um mit ihnen die Gegebenheiten des Ackerbaues beschreiben zu können
5. Stufe	frühes Königtum	die Erhebung der Tierart zu einem Qualitäts-Prinzipien, also zu Gottheiten
6. Stufe	Königtum	die Unterordnung der Tiergottheiten unter den Sonnengott und gelegentlich die Dämonisierung eines Tieres
7. Stufe	spätes KönigtumMaterialismus	die Verflachung der Tiersymbolik zur Fabel und zum Märchen
8. Stufe		Wiederbelebung und Verfremdung im Comic

Wenn man sich die Symbolik eines Tiers anschaut oder Tiermärchen liest oder Bücher studiert, in denen die Qualitäten der Krafttiere beschrieben werden, sollte man zumindest grob im Auge behalten, aus welcher Epoche die jeweils beschriebene Eigenschaft des Krafttieres stammt. Um dabei auf sicherem Boden zu bleiben, ist es sinnvoll, sich zunächst einmal stets an den konkreten Charakter des jeweiligen Tieres zu halten.

Da die Symboliken der Tiere in den Jenseitsvorstellungen nicht zufällig gewählt sind, ergeben diese Symboliken wie z.B. die des Seelenvogel durchaus einen Sinn, aber sie können das Verständnis eines Krafttieres auch erschweren, wenn man zwischen den ursprünglichen und den „erweiterten" Eigenschaften eines Krafttieres nicht unterscheiden kann. So sind letztlich alle Vögel und auch alle Fluginsekten und selbst die Fledermaus Symbole für die Seele. Diese Tatsache stellt aber immer nur einen sekundären Aspekt der Qualität des Krafttieres dar – primär ist die Eigenschaft des Storches, des Schmetterlings oder der Fledermaus, die ausgesprochen verschieden sind.

Die Dämonisierung z.B. der Schlange während des Königtums ist schließlich keine Eigenschaft, die zur Schlange selber gehört, sondern eine rein mythologische Entwicklung – obwohl ein Mensch, der eine Schlange zum Krafttier hat, durchaus mit dieser Dämonisierung der Schlange konfrontiert werden kann. Dies ist dann aber keineswegs die Aufforderung an den betreffenden Menschen, selber dämonische Charak-terzüge zu entwickeln, sondern sozusagen ein historisches Problem, das dieses Krafttier mit sich bringt und das der betreffende Mensch innerhalb seines eigenen Lebens lösen muß.

61

Die folgende Liste gibt eine Übersicht über die Bedeutungen der Tiere in den Jenseits-vorstellungen der Altsteinzeit, in den Mythen der Ackerbauern der Jungsteinzeit und in den Religionen der Epoche des Königtums.

Tier	Jenseitssymbolik	Ackerbausymbolik	Königtum
Herdentiere	Fruchtbarkeit	Fruchtbarkeit	Symbolik tritt in den Hintergrund
Kuh	Fruchtbarkeit der Großen Mutter	Fruchtbarkeit der Großen Mutter; Himmelskuh	Symbolik tritt in den Hintergrund
Stier	Zeugungskraft (der Tote zeugt seine Seele vor seiner Wiedergeburt)	Zeugungskraft des Korngottes	vereinzelt Kraft des Königs
Vogel	Seele	Seele	der größte Raub-vogel wird zum Seelenvogel des Königs
Wasservogel	Seele in der Wasserunterwelt	Seele in der Wasserunterwelt	Symbolik tritt in den Hintergrund
Flamingo	lebendige Seele in der Wasserunter-welt (rot = Leben)	lebendige Seele in der Wasserunterwelt (rot = Leben)	Symbolik tritt in den Hintergrund
Phönix		Sonnenaufgang = Wiedergeburt => Phönix = wiedergeborene, lebendige Seele im Jenseits	Sonne = König => Phönix = im Jen-seits = wiedergeborener König
Fluginsekten, Fledermaus	Seele	Seele	Fledermaus in Mittelamerika z.T. dämonisiert
Löwe, Tiger, Bär, Leopard, Panther, Jaguar, Puma, Orca	magische Stärke des Schamanen	magische Stärke des Schamanen	politische, militäri-sche und z.T. magi-sche Stärke des Königs

Tier	Jenseitssymbolik	Ackerbausymbolik	Königtum
Wolf, Hund, Schakal, Kojote, Erdferkel u.ä.	Jenseitsführer	Jenseitsführer; Kojote und Erdferkel werden meist mit dem Wildnisgott verbunden	Symbolik tritt in den Hintergrund
Spinne		Muttergöttin	z.T. dämonisiert
Fische	Seele im Jenseits (selten); Jenseitsführer	Jenseitsführer	Symbolik tritt in den Hintergrund
Krokodil, Nilpferd	Jenseitsführer	Jenseitsführer	Symbolik tritt in den Hintergrund
Nagetiere	Fruchtbarkeit	Fruchtbarkeit	Symbolik tritt in den Hintergrund
Schlangen, Eidechsen	Jenseitsführer	Jenseitsführer	fast immer als Sonnenfeind dämonisiert

Auch der Mensch, einige Pflanzen und das Wasser sind ein Teil dieser Symbolik:

Mensch oder Pflanze	Jenseitssymbolik	Ackerbausymbolik	Königtum
(Mensch)	(Tote, Schamanen)	(die Erde („Erdling"), das Getreide)	(Erdgott, Korngott)
Wasser	Jenseits	Jenseits = Himmelsmeer	Jenseits = Himmelsmeer
Korn		Seelen = Getreide	Korngott
Baum	Weltenbaum	Weltenbaum	Weltenberg, Pyramide, Himmelsleiter, Szepter u.a

63

11. Tiermasken und Medizinbeutel

Die Schamanen haben eine Reihe von Hilfsmittel erdacht, die sie bei ihren Trancen verwenden und die auch im Umgang mit dem eigenen Krafttier nützlich sein können.

Am auffälligsten ist das Fell des Großraubtiers, das die Stärke der Schamanen symbolisiert – dies Fell ist geradezu das Berufsabzeichen der Schamanen.

Fast genauso häufig findet sich die Schamanentrommel, die der Schamane benutzt, um sich durch das gleichmäßige Schlagen allmählich in Trance zu versetzten. Um diese Methode zu verstehen, muß man sie selber ausprobiert haben. Dabei konzentriert man sich auf ein Bild oder ein Ziel und gibt diesem bildhaft vorgestellten Ziel mit jedem Trommelschlag innerlich ein wenig Lebenskraft, Aufmerksamkeit und Nachdruck. Dadurch entsteht nach und nach ein Schwingen im eigenen Inneren und auch in der Lebenskraft. Auch bei Traumreisen kann es hilfreich sein, wenn dabei jemand anderes trommelt. Evtl. kann auch ein Konzert einer guten afrikanischen Trommel- und Tanzgruppe veranschaulichen, was mit diesem Schwingen gemeint ist. Meistens malen die Schamanen auf ihre Trommel eine Landkarte des Jenseits, die vor allem das Krafttier des Schamanen, den Jenseitsfluß, die Ahnen und die Muttergöttin enthält.

Sistrum
(altägyptische Rassel)

Anstelle der Trommel findet sich bisweilen auch eine Rassel, die dieselbe Funktion hat. Eine Weiterentwicklung dieses Schamaneninstrumentes ist das altägyptische Sistrum, das eine metallene Rassel ist. Sie besteht aus einem Stab als Griff (Weltenbaum), darüber einem hohen Bogen (Himmel), in dem lose vier oder fünf schlangenförmige Stäbe (Lebenskraft) befestigt sind, die beim Schlagen des Sistrums recht laut klappern. Oben auf dem Bogen sitzt in der Regel noch ein kleiner (Seelen-) Vogel. Bisweilen findet sich dort auch der Kopf einer Kuh (Muttergöttin). Somit findet sich im Sistrum die vollständige Jenseitsszenerie: Den Weltenbaum (Griff) entlang steigt der Schamane in einer Astralreise (Vogel) zur Muttergöttin im Himmel (Bogen des Sistrums) empor, um dort Lebenskraft (Schlange) zu erhalten oder die Seele (Vogel) des Verstorbenen ins Diesseits zurückzuholen.

Vor allem im Vorderen Orient halten die Schamanen als Symbol der Lebenskraft bisweilen auch eine Fackel in ihren Händen. Dieses Feuer entspricht dem Kundalinifeuer im Yoga.

Das Messer in der Hand der Schamanen im Vorderen Orient, in Nord- und West-

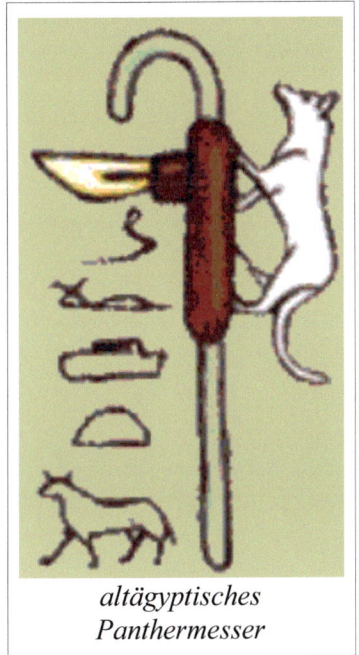

altägyptisches Panthermesser

afrika sowie bei den Berserkern der Germanen stellt die Krallen des Großraubtieres und somit seine Stärke dar. Dies wird durch die senkrecht an einen Stab montierten Messer der alten Ägypter deutlich, da sich auf diesen „Schamanen-Waffen" oft noch ein geschnitzter Panther befindet. Bei den Leopardenbünden in Westafrika wird oft eine aus Eisen nachgebildete Leopardenpranke als Ritualwaffe benutzt. Bei den Leopardenbünden ist die schamanische Trance wie bei den Berserkern auch zu einer militärischen Technik geworden.

In ähnlicher Weise wie bei den Berserkern und den Leopardenbünden sind die Ekstasetechniken auch in den fernöstlichen Kampftechniken wie z.B. im Kung-Fu, dem Karate oder dem Samurai-Schwertkampf weiterentwickelt worden, wobei sich dort weniger die heftige „Tanz-Ekstase" wie bei den Berserkern, sondern die stille „Tod-Ekstase", also die Meditation verwendet wird.

Im Zusammenhang mit den Schamanen oder den späteren Schamanen-Priestern im Königtum findet sich auch der Kelch mit der Seerose oder dem Lotus, die die aus der Wasserunterwelt zurückkehrende Seele bzw. Vegetation darstellt. Diese Symbolik war und ist insbesondere in Indien, im Alten Ägypten und in Mittelamerika beliebt.

Solche Hilfsmittel wie Masken, Tierfelle, Trommeln und Rasseln sind natürlich nicht nur für die Schamanen reserviert und man kann, wenn man möchte, einfach mal probieren, ob man eines dieser Hilfsmittel nützlich findet.

Ein einfache Unterstützung ist z.B. auch ein Hausaltar, auf den man eine kleine Figur seines Krafttieres stellt und der dann ein Ort der Meditation und des Kontaktes mit dem eigenen Krafttier werden kann. Auf diesen Altar passen natürlich auch Symbole der eigenen Seele oder von Gottheit, mit denen man sich verbunden fühlt.

Man kann sich auch ein Szepter mit dem Kopf des eigenen Krafttieres schnitzen und dies dann in Ritualen benutzten, um den Kontakt mit dem eigenen Krafttier auch äußerlich sichtbar zu machen oder zu erden.

Vor allem aus Indianergeschichten ist der Medizinbeutel gut bekannt. Dabei handelt es sich nicht um eine Erste-Hilfe-Tasche, sondern um einen kleinen Beutel, in dem sich z.B. eine Feder des Vogels befindet, der das eigene Krafttier ist.

Schließlich gibt es noch die Möglichkeit, sich eine Maske, die das eigene Krafttier darstellt, anzufertigen oder eine entsprechende Verkleidung wie z.B. ein Wolfsfell zu beschaffen und dann bei Tänzen und Ritualen benutzen.

Wenn man möchte, kann man auch Gedichte, Geschichten und andere Texte über das eigene Krafttier sammeln oder selber eine Hymne an das eigene Krafttier verfassen.

Alle diese Hilfsmittel sind natürlich letztlich nicht notwendig, aber sie können den Kontakt mit dem eigenen Krafttier erleichtern. Daher sollte man einfach schauen, was sich gut anfühlt und effektiv ist – und das ist bei jedem Menschen anders ...

12. Das Großraubtier

Das Großraubtier nimmt unter den Krafttieren eine Sonderstellung ein, da es in zwei Funktionen auftreten kann: zum einen als das „normale" Krafttier einer Person und zum anderen sozusagen „von Amts wegen", weil die betreffende Person die Funktion eines Schamanen innehat. Dies bedeutet nicht, daß diese Person eine Ausbildung als Schamane gemacht hat und auch nicht, daß diese Person schon einmal ein Nahtoderlebnis gehabt hat, sondern (meinen bisherigen Beobachtungen zufolge) einfach, daß diese Person eine besondere Begabung dafür hat, den Kontakt zum Jenseits und zu den Ahnen herzustellen.

Dieser Kontakt kann im Leben dieser Person auf verschiedene Weise auftreten: als Schamane, als Priester, als Heiler, als Therapeut, als Hellseher ...

Das Großraubtier kennzeichnet auch heute noch die große Stärke einer Person. Erst waren Löwe, Tiger, Bär & Co. das Zeichen des stärksten Jägers, dann des Schamanen, anschließend des stärksten Kriegers, darauf folgend des Königs und nun schließlich das Zeichen des Therapeuten im weitesten Sinne. Es scheint so zu sein, daß das Großraubtier auch schon in den Traumreisen bei der betreffenden Person auftritt, wenn diese Person noch gar nichts von ihrer Begabung bzw. Bestimmung weiß oder sie nur vage ahnt.

Es stellt sich dadurch natürlich die Frage, wie man das unterscheiden kann. Es sind vier Fälle denkbar:

1. Eine Person hat z.B. einen Fuchs als Krafttier und dazu taucht noch ein Bär auf. Dann kann man ziemlich sicher davon ausgehen, daß der Bär hier das Schamanen/Therapeuten-Tier ist, also die Berufung bzw. den Beruf des Betreffenden anzeigt.

2. Eine Person hat z.B. einen Löwen als Krafttier.

3. Eine Person hat z.B. einen Löwen als Krafttier und gleichzeitig als „Schamanen-Tier". Dies läßt sich letztlich nur von dem 2. Fall dadurch unterscheiden, daß diese Person in irgendeiner Form die Begabung dazu hat, die Verbindung zu den Seelen herzustellen. Eine Möglichkeit ist es auch, das Krafttier selber danach zu fragen.

4. Eine Person hat zwei Großraubtiere, z.B. zwei schwarze Panther. Dies bedeutet keineswegs, daß das eine Tier das Krafttier und das andere das „Schamanen-Tier" ist, denn diese Besonderheit geht darauf zurück, daß in der gesamten Jungsteinzeit das Großraubtier sehr oft paarweise auftauchte – meist links und rechts neben der Muttergöttin, vor ihrem Wagen oder links und rechts vom Weltenbaum oder vor dem Eingang zum Tempel. Dies liegt daran, daß alles Leben und alle Lebenskraft letztlich von der Muttergöttin kommt und die Muttergöttin alle Wesen im Diesseits gebiert und im Jenseits

wiedergebiert, wodurch sie auch zwei Großraubtiere als Begleiter hat: eines im Diesseits und eines im Jenseits.

Muttergöttin und ihre beiden Panther (Anatolien, 7.000 v.Chr.)

zwei Panther mit langen Hälsen am Weltenbaum (Ägypten 3.200 v.Chr)

zwei Panther mit langen Hälsen am Weltenbaum (Ägypten 3.200 v.Chr)

zwei geflügelte Löwen mit Adlerköpfen (Lagash in Babylon, 2.000 v.Chr.)

die beiden Löwen am Horizont, zwischen denen die Sonne aufgeht (Ägypten, Papyrus des Ani, 1.240 v.Chr.)

Löwentor in Mykene (Griechenland, ca.1300 v.Chr.)

Löwen vor Tempeleingang (Thailand, 900 n.Chr.)

Löwen als Wächter vor einer Bank (China, heute)

Man darf aus dem Löwen und seinen „Freunden" als „Berufs-Tier" des Schamanen allerdings nicht negativ schließen, daß Menschen ohne ein Großraubtier als zweites Krafttier nicht in der Lage sind, die Verbindung zu den Seelen herzustellen und somit im weitesten Sinne therapeutische, spirituelle und priesterliche Tätigkeiten auszuüben.

Es gibt auch Darstellungen von Schamanen ohne das Fell des Großraubtiers wie z.B. bei den meisten Darstellungen des Jenseitsfährmannes, von denen der griechische Charon und der christliche St. Christopherus sicherlich die bekanntesten sind.

Es entstanden auch viele Mischwesen aus dem Löwen und meistens dem Menschen, d.h. aus dem Löwen und dem Schamanen oder der Muttergöttin. Am bekanntesten von ihnen ist sicherlich sie Sphinx von Gizeh vor der Chephrenpyramide in Gizeh. Es wäre interessant, einmal einen Menschen mit einer Sphinx als Krafttier kennenzulernen ...

Sphinx von Gizeh (Ägypten, 2.700 v.Chr.)

Tiger-Frau mit Weltenbaumsymbol auf dem Kopf (Indus-Kultur, 2.500 v.Chr.)

Sphinx von Delphi (Griechenland, ca. 500 v.Chr.)

Trinkgefäß mit geflügeltem Löwen (Persien, 500 v.Chr.)

geflügelter Löwe = Evangelist Markus (Markusdom in Venedig, ca. 1600 n.Chr.)

geflügelter Löwe (Thailand, heute)

13. Der Tierclan

Bei den meisten Völkern, bei denen die Krafttiere noch bekannt sind, bilden sie auch einen Teil der sozialen Strukturen: Die Menschen, die dasselbe Krafttier haben, schließen sich zu einem Clan zusammen. Diese Clane haben dann bestimmte Aufgaben innerhalb der Gemeinschaft: im Elefanten-Clan sind die Träger, im Bären-Clan die Schamanen, im Kojoten-Clan die Trickster (Narren, Heyokas), im Falken-Clan die Späher usw. Jeder Clan übernimmt die Aufgaben, für die das jeweilige Krafttier die erforderlichen Eigenschaften und Fähigkeiten hat.

Diese Krafttier-Clane sollte man nicht mit den Familien-Clanen wie z.B. dem schottischen Mc-Gregor-Clan verwechseln, deren Zusammenhang nur auf der Verwandtschaft beruht, die also eine Großfamilie oder Sippe sind.

Ich habe vor einigen Jahren einmal alle Personen, die einen Wolf als Krafttier haben, zu mir eingeladen, da ich vermutete, daß wir uns bestens verstehen müßten. Das traf auch zu – aber anders als ich dachte ... Wir wurden keineswegs Freunde und hatten auch nicht das Gefühl, uns jetzt oft sehen zu müssen, aber wir verstanden einander, da wir ein ganz ähnliches Verhalten und ähnliche Einstellungen zum Leben hatten – eben wie Wölfe. Wir hätten wohl ganz gut gemeinsam eine Aufgabe übernehmen können, aber nicht unbedingt zusammen wohnen wollen.

Eine der Frauen, die bei diesem Treffen dabei war, habe ich auf einem Flohmarkt kennengelernt, als wir gleichzeitig ein Wolfsfell entdeckt hatten und uns dann heftig darum gestritten haben. Da sie schon eins hatte, ging das Fell dann schließlich an mich. Ich habe sie dann einfach gefragt, ob sie einen Wolf als Krafttier hat und sie hat Ja gesagt. Auf diese Art lernt man manchmal auch die Krafttiere anderer Leute kennen ...

Die Vorteile eines Krafttier-Clans sind vor allem der Austausch miteinander über die Eigenheiten, Fähigkeiten und Bedürfnisse, die aus dem eigenen Krafttier heraus entstehen. In einer Gemeinschaft, in der Krafttiere allgemein bekannt sind, ist der Biber-Clan dann so etwas ähnliches wie heute z.B. eine Bäcker-Innung: Wenn man ein bestimmtes Anliegen hat, wendet man sich an den betreffenden Clan und erkundigt sich dort, welche Person für das betreffende Anliegen am geeignetsten sein wird.

Darüberhinaus ist es naheliegend, daß jeder Clan ab und zu auch Rituale oder Tänze organisiert, die sich ganz auf das jeweilige Krafttier beziehen. Ich habe bisher noch keinen Tanz erlebt, bei dem nur „Wölfe" anwesend waren, aber ich fände das durchaus interessant.

Bei diesen Tänzen eines Krafttier-Clans wird dann auch die Muttergöttin der betreffenden Tierart erscheinen ... aber diese Tiergöttinnen sind das Thema des nächsten Kapitels.

14. Die Muttergöttinnen der Tiere

Nachdem ich zu der Vermutung gekommen war, daß die Tiere genauso wie die Menschen eine Muttergöttin haben, frug ich eine Freundin, mit der ich schon öfter zusammen Traumreisen unternommen hatte, ob sie zusammen mit mir einmal schauen wollte, ob wir die Mutter der Löwen, also unserer "Schamanen-Tiere" finden können.

Ich hatte schon einmal eine Tiermutter gesehen, als ich kurz nachdem ich meine Wölfin getroffen hatte, meinem Freund Jörg in einer gemeinsamen Meditation/ Traumreise meine Wölfin gezeigt hatte und dabei die Wolfsmutter erschien. Damals habe ich allerdings nicht so recht die Bedeutung dieser „Mondwölfin" verstanden – diesen Namen hatte ich damals der Wolfsgöttin wegen ihres weißen Fells, das milchigweiß wie Mondlicht leuchtete, gegeben.

Hier ist nun der Bericht von der Traumreise zusammen mit meiner Freundin Silke zu der Löwenmutter:

Zunächst reisten Silke und ich jeweils zu unseren eigenen Kraftorten. Ich versetzte mich dann mit meinem Löwen in die afrikanische Steppe und wartete, wobei ich noch nicht mit meinem Löwen identifiziert war, sondern neben ihm stand. Schließlich sah ich die Löwin meiner Freundin, d.h. Silke in ihrer Gestalt als Löwin auf uns zukommen. Die beiden Löwen betrachteten sich mißtrauisch-neugierig, wobei mein Löwe ruhig dastand, während die Löwin eher bewegt und neckend den Löwen anstupste, aber schließlich an seinem ruhigen Dastehen resignierte. Dabei stellten wir fest, daß die beiden Löwen wohl aus verschiedenen Ländern stammen mußten, da die Farbe ihres Fells und ihre Statur recht unterschiedlich war.

Schließlich schlug ich vor, zunächst einmal nach der Ursache von Silkes Spannungen in ihren Oberschenkeln zu schauen. (Diesen Teil möchte ich hier nicht weiter berichten, wei er zu privat ist.)

Nachdem wir die Ursache verstanden und zumindest teilweise aufgelöst hatten, schlug sie vor, jetzt einmal nach meinem Kreuzbein zu schauen, das mir schmerzte. Zwischenzeitlich hatte ich mich mit meinem Löwen vereinigt, aber nun hatte ich das Gefühl, daß ich wieder als Mensch aus ihm heraustreten und mich auf dem Bauch auf einen großen, flachen Felsblock legen sollte. Als ich so dalag, spürte ich, daß in meinem Kreuzbein etwas wie eine schwarze, knöcherne oder metallische Klammer meinen ganzen Rücken zusammenpresste. Mein Löwe wollte sie gleich herausreißen, aber die Löwin bremste ihn, weil sie eine ernsthafte Verletzung fürchtete. Schließlich erkannten wir, daß diese Klammer sich wie eine Wäscheklammer öffnen und herausnehmen ließ, was mein Löwe dann auch tat.

Er hielt die schwarze Klammer im Maul, die sehr bedrohlich und aggressiv wirkte. Dann sagte ich intuitiv zu meinem Löwen: "Halte sie der Sonne entgegen – Löwen sind doch Sonnentiere." Darauf sagte meine Freundin: "Die Klammer hat sich in ein ganz kleines Baby verwandelt!" Nun sah ich es auch und wußte, daß ich es wohl annehmen mußte, auch wenn ich es sehr abstoßend fand. Als ich es in den Arm nahm, entstand jedoch immer mehr Liebe zu dem Baby und ich begann es abzulecken, wie ich es auf einer anderen Traumreise einmal bei einem afrikanischen Stamm an mir selber als Kind erlebt hatte.

Daraufhin wurde das Baby immer ruhiger und begann zu strahlen. Es wurde zunehmend älter und es war, als würde eine Qualität, die immer gefehlt hatte, langsam durch meine Biographie hindurch wieder in mich integriert. Als das Baby in seine Pubertät kam, war der Junge ganz stolz auf seinen großen Penis und wollte ihn allen Mädchen zeigen (ein mir bis dahin eher unbekanntes Gefühl). Schließlich erreichte der Junge mein heutiges Alter und wurde eins mit mir, wobei das Gefühl der Wiederintegration einer wichtigen Qualität in meine Biographie sich durch alle Altersstufen hindurchzog. Mein Löwe nannte diese Qualität "körperliches Selbstwertgefühl", was ich einen sehr treffenden Begriff fand.

Ich vereinte mich wieder mit meinem Löwen woraufhin mein Löwe und die Löwin meiner Freundin offenbar auf eine Paarung aus waren. Nach einer kurzen Rücksprache mit meiner Freundin stimmten wir der Absicht unserer Löwen zu – es wurde kurz und heftig wie bei allen Katzen, die ja auch in dieser Hinsicht Sprinter sind (wir selber lagen bei dieser Szene in unserer Traumreise weiterhin ruhig da). Eine große Zufriedenheit machte sich dabei in meinem Körper bzw. dem Körper meines Löwen breit, wobei mein Hara und mein Sonnengeflecht zu glühen begannen. Meiner Freundin und ihrer Löwin ging es ebenso.

Nun beschlossen wir, zu der Mutter der Löwen zu reisen. Die beiden Löwen wußten sofort, in welche Richtung sie gehen mußten. Dort im Süden, wohin sie liefen, waren ganz fern Berge zu sehen und über ihr fast durchsichtig die Gestalt eines riesigen Löwen, dessen Mähne die Wolken berührte. Die beiden Löwen fielen in einen schnellen Lauf und bald wurde die Steppe zur Savanne und die Bäume und Sträucher wuchsen dichter. Schließlich wurden sie langsamer und wir spürten, das wir uns dem Ziel näherten. Die Löwengestalt am Horizont war inzwischen nicht mehr zu sehen.

"Da sind ja noch mehr Löwen! Ganz viele!" rief ich meiner Freundin zu. - "Oh, ja, sind das viele!" Wir kamen an einen weiten, freien Platz ohne Bäume und Büsche, an dessen Außenrand sich eine riesige Menge von Löwen und Löwinnen, großen, kleinen, "Kinder"- und "Baby"-Löwen mit hellem, dunklem, sandfarbenen oder rötlichem Fell, goldbrauner, rotbrauner und fast schwarzer Mähne versammelt hatte. Einige schienen sich zu kennen, andere, meist alte Männchen, waren offenbar allein gekommen. An zwei Stellen sah ich Löwen, die sich paarten. Und alle waren voller Erwartung und Unruhe.

Ich frug Silke: "Siehst du den Strahl da in der Mitte? Wie ein blaßgelbes Licht mit einem leichtem Ockerton - wie Löwenfellfarbe." - "Schau da links! Da kommt sie. Sie ist größer wie die anderen Löwen und durchsichtiger und leuchtend." Die Mutter der

72

Löwen ging durch eine Lücke im Kreis der Löwen, die ihr den Weg freigemacht hatten, auf den freien Platz in der Mitte. Zwischen dem Strahl und der Mutter der Löwen sah ich etwas zucken und rucken, hin und her, voller Unruhe.

Da frug mich Silke: "Spürst Du die Kraft, die von ihr kommt?" Da merkte ich, daß ich als Löwe etwas wie eine Rüstung, eine Isolation um mich trug. Ich hatte Mühe sie aufzulösen. Schließlich wandte ich mich an die Mutter der Löwen, die inzwischen in der Mitte des Platzes mitten in dem Lichtstrahl stand, und bat sie um Hilfe. Sie blickte mich mit ihren Augen, die Licht ausstrahlten, an, woraufhin die Rüstung zerbröckelte und ich die Kraft spüren konnten, die von ihr zu all den Löwen im Kreis floß und sie mit Lebendigkeit füllte.

Ich begann die anderen Löwen als meine Verwandten zu spüren - in ihnen und in mir floß dieselbe Kraft, ich war nicht mehr ein einzelner, isolierter Löwe, ich war ein Teil aller Löwen und war mit allen verbunden, genährt und gehalten von der Mutter aller Löwen. Mein Körper wurde immer voller und weicher, mein Fell heller und meine Bewegungen geschmeidiger und nicht so fest und schwer wie vorher. Wir Löwen standen da und füllten uns immer mehr mit Leben an, einige schnurrten, andere paarten sich wie auch mein Löwe und Silkes Löwin. Es war alles Wärme, Geborgenheit, Fülle, Fließen und Wissen - Wissen, was Löwe-sein ist.

Nach langer Zeit spürten wir, daß es Zeit war, zurückzukehren. Wir lagen noch lange weich und schwer da, ohne aufzustehen und spürten dem Erlebten nach. Da begann mein rechter Unterarm zu schmerzen, von dem ich von früheren Traumreisen wußte, daß er als Löwe-Vordertatze einmal schwer verletzt worden war. Der Schmerz fühlte sich an wie ein Überdruck von Lebenskraft in einem der Akupunkturmeridiane.

Als ich meinen Unterarm fragte, wie ich diesen Schmerz heilen könnte, kam innerlich die Antwort: "Indem Du mit Deinem Arm nichts mehr tust, das nicht für Dich förderlich ist; indem Du Deinen Arm nicht mehr gegen Dich selber richtest." Nachdem ich diesen Entschluß gefaßt hatte, löste sich der Schmerz sofort auf.

Nach der Traumreise waren meine Schmerzen im Kreuzbein und die Spannungen in Silkes Oberschenkeln völlig verschwunden. Auch unsere Bewegungen waren deutlich anders, viel elastischer und kraftvoller; und als wir später auf einem Spaziergang spaßeshalber ein Stück gerannt sind, bin ich mit ganz anderen Bewegungen und viel schneller gerannt, als ich es sonst von mir kenne – ein Löwe-Sprint.

Die Muttergöttin einer Tierart hat auf Traumreisen drei Merkmale: Sie ist größer als die anderen Tiere dieser Art, sie besteht wie aus milchigweißem, nebligleuchtendem Licht und ihre Ausstrahlung ist vollkommen rund und tief und eindeutig – sie ist das, was diese Tierart ausmacht.

Aus diesem Grund werden diese Muttergöttinnen der Tiere in den verschiedenen Mythen, Sagen und Erzählungen auch „Weiße Wölfin" wie z.B. in Sibirien, „weiße Büffelfrau" wie bei den Dakota-Indianern oder auch „Großer Adler" u.ä. genannt.

Sehr typisch ist auch, daß die Tiermutter in dem Kreis erscheint, den die Tiere dieser Tierart in der Traumreise bilden. Diesen Kreis bilden diese Tiere bisweilen auch bei ihren zyklisch wiederkehrenden realen Versammlungen in der Natur. Solche Treffen lassen sich bei sehr vielen Tierarten beobachten und sie haben offensichtlich nichts mit der Paarung o.ä. zu tun. Man hat zudem beobachtet, daß z.B. junge Elefanten, die nicht zu diesen bei den Elefanten alle vier Jahre stattfindenden Treffen gelangen können, deutliche Entwicklungsdefizite auftreten.

Man kann davon ausgehen, daß die konkreten Tiere einer Art, wenn sie sich versammeln, dasselbe erleben, was man als Mensch bei einer Traumreise erlebt, wenn man zu der Mutter einer Tierart reist: eben die Begegnung mit der Mutter dieser Tierart. Diese Treffen der Tiere sind offenbar religiöse Versammlungen, bei der ihre Muttergöttin rufen und sich mit ihr verbinden und dadurch ihren Segen erhalten. Die Tiere erinnern sich durch diese Treffen wieder ganz an das, was sie sind – so wie sich Menschen wieder an sich selber erinnern, wenn sie der Muttergöttin begegnen und dann wieder im Urvertrauen ruhen.

Man kann auch davon ausgehen, daß auch die Menschen sich bereits in der Altsteinzeit wie diese Tiere in regelmäßigen Abständen in solchen größeren Gruppen versammelt haben, in denen sich mehrere der meist ca. ein Dutzend Personen umfassenden Jagdgemeinschaften getroffen haben.

Die älteste bekannte Zeremonie der Menschen ist die Schwitzhütte, die ca. 600.000 Jahre alt sein wird, da zu dieser Zeit der Homo erectus die kalten Bereiche Nordeurasiens zu besiedeln begann und die ersten Hütten errichtete und dabei sicherlich schnell die Möglichkeit der Schwitzhütte entdeckt haben wird. In einer Schwitzhütten-zeremonie vereint man sich wieder mit der Großen Mutter, stellt man die Nabelschnur zu ihr wieder her, wird man wieder von ihr gestillt.

Auch zu Beginn der Mittelsteinzeit vor 30.000 Jahren, als die Menschen verstärkt damit begannen, wilde Getreidekörner zu sammeln, läßt sich feststellen, daß die damaligen Menschen „Festhütten" errichtet haben, die weit mehr Personen faßten, als damals üblicherweise zusammenlebten. Auch zum Beginn der Jungsteinzeit vor 13.000 Jahren taten sich ca. 5.000 Menschen für mindestens ein Jahr zusammen, um die Tempelanlage von Göbekli Tepe in der Südosttürkei zu errichten, während in den einzelnen Dörfern selten über 100 Personen zusammenlebten.

Das sich Versammeln zu religiösen Festen in großen Gruppen ist also keine neue Erfindung, sondern geht bis in die Altsteinzeit zurück und noch weiter in die Tierwelt hinein – vermutlich zurück bis zu den Pelyco-Sauriern, die die Brutpflege erfanden und die Vorläufer der Säugetiere und somit vermutlich die ersten Tiere mit einem ausgeprägten Mutterbild waren.

Diese Tier-Muttergöttinnen gibt es aber auch bei Vögeln und möglicherweise auch bei Insekten – ich hatte leider noch keine Gelegenheit, z.B. gemeinsam mit einem „Schmetterlings-Menschen" eine Reise zur Schmetterlingsmutter zu unternehmen.

Die Zeremonien bei der Aufnahme in einen Clan sehen in den Indianergeschichten, die es zu diesem Thema gibt, und auch auf Traumreisen recht ähnlich aus: Der „Neuling" tritt in die Mitte des Kreises seiner „Tier-Verwandten" und wird von ihnen gemeinsam gesegnet, wobei manchmal auch die Tiermutter erscheint. Dieser Vorgang ist ähnlich wie eine Taufe.

Bei der Begegnung mit der Muttergöttin des eigenen Krafttieres reagieren fast alle Menschen gleich: Sie trinken (in der Gestalt ihres Krafttieres) von der Milch der Muttergöttin – dies ist die archaischste und wirkungsvollste Weise, die Verbindung zu ihr wiederherzustellen. Ein anderes Bild ist die Wiederherstellung der Nabelschnur. Dies sind auch in den Schwitzhütten zwei der wirkungsvollsten Bilder, um sich wieder mit der Menschen-Muttergöttin zu verbinden.

Dieselben Bilder, also das Stillen und das Wiederherstellen der Nabelschnur, können auch kranke Krafttiere wieder heilen. Ein Krafttier kann insofern krank sein, als es den Zustand des Menschen, zu dem es gehört, widerspiegelt. In seiner Essenz ist es aber immer gesund. So sah z.B. meine Wölfin anfangs sehr abgemagert und vernachlässigt aus, weil ich mit meinem eigenen Körper ein wenig auf Kriegsfuß stand – was sich dann aber nach der Begegnung mit der „Mondwölfin" deutlich gebessert hat.

Ich habe dann später noch einmal zusammen mit Silke eine Traumreise zu der Wolfsmutter unternommen, bei der es noch zu einer weiteren Heilung meiner Wölfin gekommen ist:

Nachdem Silke und ich nach einigen Behinderungen die Versammlung der Wölfe erreicht hatten, und dort immer wieder über den kleinen Wolf ihres Sohnes lachen mußten, der sich auf unserer Traumreise ungefragt zu uns gesellt hatte und in dem Kreis herumtollte, erschien die Mutter der Wölfe, die Weiße Wölfin, die eng mit der Mondgöttin verbunden ist, wie ich von früheren Reise wußte.

Sie war wie die Löwenmutter und die anderen Tiermütter auch durchscheinend wie leuchtender Nebel, aber kraftvoll, eindeutig und präsent und strahlte eine innere Weite und Tiefe und eine Qualität, die man am ehesten mit "Wurzel" und "Bedeutsamkeit" und "Es ist so, wie es ist, und das ist, was ich bin." beschreiben könnte. Sie stand einerseits mitten im Kreis und andererseits haben meine Freundin und ich sie gleichzeitig auch jeweils neben uns erlebt - so als ob sie von ihrer Essenz in der Mitte des Kreises stehen würde, aber zugleich jedem Wolf und jeder Wölfin in der Art erscheinen würde, wie er oder sie es gerade braucht.

Sie begann mich zu lecken, mit ihrer Schnauze zu stupsen und säugte mich, wobei ihre Milch eigentlich milchigweiß leuchtende Lebenskraft war, die mich als Wölfin bis in jedes Glied meines Körpers durchströmte. Ich erlebte dabei ein Zucken und Zerren, so als ob ich in meiner eigenen Form eingesperrt wäre – der Grund für diese Traumreise war, daß ich erkannt hatte, daß ich als Wölfin immer die Rolle des geprügelten "Underdogs" inszeniert hatte und diese Rolle endlich auflösen wollte.

Diese Form der Verzerrung versuchte es nun mit einem letzten Verteidigungskampf gegen den Segen der Wolfsgöttin, aber schließlich platzte meine Haut, während ich auf dem Rücken lag, in der Mitte des Bauches von oben nach unten auf und blätterte sich nach links und rechts hin ab. Aus der alten Haut der Wölfin kam ein kleiner weißer Welpe hervor, der schnell zu einer weißen Wölfin heranwuchs. Als diese Wölfin war mein Bewußtsein völlig durchsichtig zu der Wolfsmutter hin und es war, als wäre ich ein Teil von ihr geworden, als würde ihr Bewußtsein meinen Wolfskörper erfüllen. Darin lag ein tiefer Friede, eine Bejahung dessen, was wir Wölfe sind, und die Tiefe und Weite und die sanfte Eindeutigkeit der Wolfsmutter.

Dieses Bewußtsein blieb auch nach der Traumreise - ich kann seitdem durch meine Wölfin in das Bewußtsein der Wolfsmutter zurückkehren.

Bei einer anderen Gelegenheit hatte eine Frau ihren Wolf gefunden, aber fand ihn so bedrohlich, daß sie sich vor ihm fürchtete – zumal es ein Wolf und keine Wölfin war. Als ich die Wolfsmutter bat, nach dem Wolf zu schauen und der Wolf dieser Frau bei der Wolfsmutter zu säugen begann, beruhigte sich die Situation und die Frau konnte ihren Wolf, der nun eine ganz andere Ausstrahlung bekommen hatte, sogar mit Freude annehmen.

Bisweilen treten auch äußerlich deutliche Veränderungen auf, wenn man der Mutter-göttin des eigenen Krafttieres begegnet ist. Wenn man z.B. einen Hund als Krafttier hat und beim Joggen oft von Hunden angebellt oder angesprungen wird, darf man berechtigterweise darauf hoffen, daß die Hunde einen in Ruhe joggen lassen, wenn man sich, d.h. das eigene Krafttier mit der Hundemutter wieder verbunden hat. Die Tiermütter sind auch das, was z.B. in einem homöopathischen Tiermedikament wirkt – z.B. in Hundemilch, Eulenfeder, Schlangenhaut o.ä.

Als die Gottheit einer Tierart sind diese Tiermütter aber trotzdem genausowenig unveränderlich wie alle Dinge in dieser Welt – schließlich müssen sie auch irgendwann einmal entstanden sein. Und man wird auch davon ausgehen können, daß Verhaltensveränderungen in einer ganzen Tierart auch eine Veränderung in der Tiermutter darstellen.

Solche Verhaltensveränderungen einer Tierart lassen sich manchmal in der Natur feststellen. So treten die Eichelhäher in der Gegend, in der ich wohne, seit einigen Jahren immer häufiger in Schwärmen auf und sind auch viel weniger scheu geworden. Dieselbe Abnahme der Scheu vor den Menschen beobachte ich seit ein paar Jahren in extremer Weise auch in ganz Deutschland bei den Mäusebussarden.

Kennen Sie das „Phänomen des 100. Affen"? Dies Phänomen wurde 1958 auf der japanischen Insel Kojima beobachtet: Die Forscher fütterten damals den dortigen Affen Süßkartoffeln und eines Tages entdeckte einer der Affen die Möglichkeit, die Kartoffeln vor dem Verzehr zu wachsen. Nach und nach ahmten ihn einige Affen nach. Ab einer bestimmten Anzahl taten dies plötzlich alle Affen – auch die Affen auf den Nachbarinseln und auch einige auf dem Festland, zu denen diese Affen keinerlei Kontakt hatten. Es hatte offenbar eine kollektive Veränderung in dem Bewußtsein dieser Affenart stattgefunden.

Das kollektive Unterbewußtsein dieser Affenart ist nun nichts anderes als die Affenmutter dieser Affenart – und die plötzliche, allgemeine Verbreitung des Waschens von Süßkartoffeln ist eine Erkenntnis und ein Beschluß der Affenmutter, der in dem Augenblick dieser Erkenntnis und dieses Beschlusses in allen Affen dieser Art wirksam wurde.

Das kollektive Unterbewußtsein der Menschen ist die Muttergöttin der Menschen – und in dem Moment, wo diese Große Mutter für einen Menschen durch Traumreisen, Meditationen, Schwitzhütten u.ä. bewußt und real wird, wird für diesen Menschen aus dem kollektiven Unterbewußtsein zumindest keimhaft ein kollektives Bewußtsein.

In der folgenden Tabelle sind die verschiedenen Krafttiere und ein Teil der von ihnen bekannten Gottheiten aufgeführt. Dies sind zum Teil männliche und zum Teil weibliche Gottheiten und nicht nur Tiermütter, da sich vor allem im Zusammenhang mit dem Königtum auch männliche Tiergötter herausgebildet haben – so paßte schließlich ein Löwe besser zu dem König als eine Löwin, zumal in dieser Epoche die Sonnenkönig-Religion an die Stelle der Religion der Großen Mutter trat. Dieser Übergang läßt sich besonders gut in der frühen altägyptischen Religion beobachten.

Das ursprüngliche Bild wird die „Weiße Wölfin", die „Weiße Elefantenmutter", die „Weiße Büffelfrau", die „Weiße Tigerin" usw. gewesen sein. Historisch erscheint jedoch eine Vielzahl von Tiergöttergestalten, wobei die ältesten jedoch fast alle weiblich sind.

In der folgenden Liste tauchen auch einige Tiergottheiten wie z.B. der Schakalgott Anubis auf, auch wenn ich noch niemanden mit einem Schakal als Krafttier getroffen habe.

Sie können Beschreibungen von den meisten dieser Gottheiten im Internet finden – eine gründliche Darstellung dieser Gottheiten würde ein eigenes Buch füllen ... Abbildungen fast aller der aufgeführeten Gottheiten finden Sie am Ende dieser Liste.

Tiergottheiten			
Tier	*Tiergottheit, Halbgott u.ä.*	*Krafttier einer Gottheit*	*Stellung des Tieres in den Mythen, die der einer Gottheit entspricht*

Landsäugetiere: a) Raubtiere			
Wolf	Fenris, Geri, Freki, Weiße Wölfin	Hel, Odin, Hades	
Hund	Cerberus, Sarama	Indra	China
Löwe	Sachmet, Menhit, Mehtit		
schwarzer Panther	Mafdet		
Tiger	Thaksang Lhamo	Shiva	
Katze	Bastet	Freya	
Bär	Artaios, Artio, Matunus, (Berserker)	Odin	
Säbelzahntiger			
Schakal	Anubis		
Kojote	Trickster		Prärie-Indianer
Jaguar	Kinich Ahau, Tezcatlipoca		Mayas

Landsäugetiere: b) Pflanzenfresser			
Elefant	Ganesha		
Pferd	Epona, Rhiannon, Poseidon		
Hirsch	Cernunnos		
Reh			
Hase	Wenwet		Ägypten
Giraffe			
Antilope	Anuket		
Wildschwein	Freyr		
Büffel	Pte-san-win, Minotaurus		
Stier	Apis, Mnevis		
Ziege	Pan, Amaltheia	Thor	
Biber	Thoeris		
Nilpferd			
Gazelle	Satet		
Pavian	Hezur	Thot	
Igel			
Ratte	Gajamukha	Ganesha	

Meeressäugetiere			
Orca			
Seehund			
Wal			
Delphin	Apollo Delphinos, Atargatis, Demeter, Persephone u.a.		derzeitige west-liche Zivilisation

Vögel: a) Raubvögel			
Adler	Farseti	Zeus, Indra, Odin u.a.	Assyrer
Eule	Blodeuwedd	Athene	
Falke	Horus, Vedrfölnir		

Vögel: b) pflanzenfressende Vögel			
Vogel (unspezifisch)	Seele		
Krähe	Seele (Nordamerika), Morrigan, Badb		
Ibis	Thot		
Storch	Seelenbringer		
Schwan	Walküren, Svandis, Suryak		
Papagei			
Rabe	Hugin, Mugin	Odin	
Hühnerküken			
Pinguin			
Möwe			
„blauer Vogel"			
Flamingo	Seele		Altägypten

Fische			
Piranha			
Stör			

Reptilien			
Krokodil	Suchos, Sobek		
Schlange	Apophis, Uräus, Nidhöggr, Kundalini u.a.		

Amphibien			
Kröte	Heket		Inkas, China
Schildkröte	Oxacapatl	Vishnu	Indianer
Frosch	Heket, Drachenschildkröte		Ägypten, Indianer

Insekten			
Libelle			
Marienkäfer			
Biene	Mellona, Beyla, Kar		Hethiter
Skorpion	Selket		
Skarabäus	Skarabäus		
Schmetterling	Seele (Indianer)		Mittelamerika
Spinne	Spinnenfrau		nordamerikanische Indianer

mythologische Tiere			
Faun	Pan		
Drache	Drache		China u.a.
geflügeltes Einhorn	Einhorn		
Zentaur	Zentaur		
Pegasus	Pegasus		
Leviathan	Leviathan		
Feuervogel	Phönix		
Phönix	Phönix	Osiris	Ägypten, China
Garuda	Garuda	Vishnu	

einige Tiergottheiten

Weiße Wölfin (Sibirien u.a.)

Fenris-Wolf (Germanen)

Cerberus (Griechen)

Sarama (Indien)

Sachmet (Ägypten)

Panthergöttin Mafdet-Seschat (Ägypten)

Antilopengötti Anuket (Ägypten)

Bastet (Ägypten)

Gazellengöttin Satet (Ägypten)

Schakalgott Anubis (Ägypten)

Jaguargott Tezcatlipoca (Azteken)

Ganesha (Indien)

Epona (Kelten)

Poseidon (Griechen)

Cernunnos (Kelten)

Wenwet (Ägypten)

Thaksang Lhamo (Tibet)

Artio (Kelten)

Apis (Ägypten)

Rattengott Gajamukha (Indien)

Freyr (Germanen)

Weiße Büffelfrau Pte san Win (Dakota)

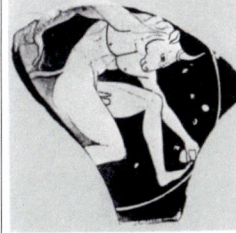

Minotaurus (Kreta)

Pan (Griechen)

Amaltheia (Griechen)

Nilpferdgöttin Thoeris (Ägypten)

Hezur (Ägypten)

Eulenfrau Blodeu-wedd (Kelten)

Engel-Seelenvogel (Deutschland)

Krähengöttin Morrigan (Keltisch)

Delphingöttin Persephone (Griechen)

Adler Farseti im Weltenbaum (Germanen)

Horus (Ägypten)

Vedrfölnir auf
Farseti (Germanen)

die Raben Hugin
und Munin
(Germanen)

Schlangengott
Apophis (Ägypten)

Schlange Nidhöggr
(Germanen)

Drachenschildkröte
(China)

Skarabäus (Ägypten)

Centaurin (Römer)

Benu-Vogel
„Phönix" (Ägypten)

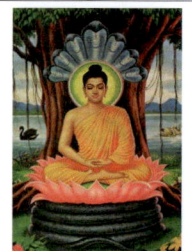

Kundalini und
Buddha (Indien)

Skorpiongöttin
Selket (Ägypten)

Drache mit
Wunschperle
(China)

Garuda (Indien)

Schwanengöttin
Suryak (Bali)

Froschgöttin
Heket (Ägypten)

Ibisgott Thot
(Ägypten)

Krokodilgott
Sobek (Ägypten)

Kobragöttin
Uräus
(Ägypten)

15. die drei Verbündeten

„Gleich und Gleich gesellt sich gern." heißt es im Sprichwort. Dies ist eine Dynamik, die man auch beim Unterbewußtsein beobachten kann: Verschiedene Erinnerungen, die eine ähnliche Struktur und Qualität haben, verbinden sich zu einem Komplex. Dies ist auch die Dynamik, die allen Symbolen zugrundeliegt: Symbol kommt vom griechischen „symbalein", was „zusammenballen" bedeutet. Diese Verbinden von Ähnlichem zu komplexen Gebilden ist das Ordnungsprinzip des Unterbewußtseins. Diese Form der Strukturierung und des Ordnens ist die Assoziation.

Da das Unterbewußtsein nichts anderes als die eigene innere Bilderwelt und der eigene Traumbereich ist und diese inneren Bilder die Inhalte des eigenen Lebenskraftkörpers sind, ist die Assoziation auch das Ordnungsprinzip in der Lebenskraft.

Astrologisch entsprechen das Unterbewußtsein, die Symbole, die Assoziation, die Träume, die inneren Bilder und die Lebenskraft alle dem Mond. Und die Lebenskraft wird wie Mondlicht wahrgenommen – als milchigweißes Leuchten. Das zentrale Symbol des Mondes ist die Mutter, die auch das zentrale Symbol des Unterbewußtseins ist und die als Muttergöttin auch die Quelle der Lebenskraft ist.

Wenn man die ersten Vorgänge in einem menschlichen Lebenskraftkörper betrachtet, kann man eine interessante Beobachtung machen. Zunächst einmal ist da lediglich die Seele, die beschlossen hat, sich zu inkarnieren. Dann vereinen sich der Mann und die Frau, die sich diese Seele für ihr vor ihr liegendes Leben als Eltern ausgewählt hat. Bei dieser Vereinigung bilden ein Teil der Lebenskraft des Mannes und der Lebenskraft der Frau einen Wirbel, der die befruchtete Eizelle einhüllt. Dieser Lebenskraftwirbel, der die Seele in den Embryo „hineinzieht", wird in fast allen Berichten von Personen beschrieben, die sich an die Ereignisse vor ihrer Geburt und vor ihrer Zeugung erinnern können.

Die beiden ersten Einflüsse, die auf diesen Lebenskraftwirbel wirken, sind zum einen die befruchtete Eizelle, die festlegt, daß sich aus dem Lebenskraftwirbel der Lebenskraftkörpers ein Mensch entwickeln wird, und zum anderen die Seele selber, die sich in der Lebenskraft spiegelt, d.h. ihr ihr eigenes Bild einprägt. Da die Lebenskraft polar (Yin und Yang) ist, entsteht dabei ein männliches Seelenspiegelbild und ein weibliches Seelenspiegelbild. Bei einem Mann wird das männliche Seelenspiegelbild dann das Selbstbild und das weibliche Seelenspiegelbild das Suchbild. Bei einer Frau ist ist die Funktion der beiden Bilder genau umgekehrt.

Dadurch erreicht die Seele etwas ziemlich geniales: Die Selbstliebe der Seele, die ihre zentrale Eigenschaft ist, findet sich auch in ihren beiden Spiegelbildern und auch zwischen diesen beiden Spiegelbildern wieder, wodurch diese Selbstliebe für die Seele nun im Außen als die Liebe zwischen ihrem männlichen und ihrem weiblichen Spiegelbild erlebbar wird. Wenn sich ein Mensch dann in einen anderen Menschen verliebt, wird das andersgeschlechtliche Seelenspiegelbild auf den geliebten Menschen übertragen, wodurch das Erleben der Selbstliebe dann in der Liebe zu diesem anderen Menschen noch konkreter erlebbar wird.

Es gibt noch einen dritten Einfluß auf den Lebenskraftwirbel: die Eigendynamik der Lebenskraft, durch die sie sich zu dem System der Chakren und der Aura organisiert. Diese grundlegende Struktur findet sich in allen Dinge vom Superstring über die DNS und dem menschlichen Lebenskraftkörper bis hin zu der Dynamik in einem Stern wieder. Vereinfacht gesagt besteht diese Dynamik darin, daß das System (und auch die Lebenskraft) eine Kugel bildet, die von innen nach außen hin strahlt und eine Konvektionsströmung enthält, d.h. in der Substanz bzw. die Lebenskraft zentral aufsteigt (Kundalini) und dann außen wieder zurückfließt.

Als vierte Prägung kommt schließlich noch das Horoskop hinzu, das bereits ab der Zeugung wirksam ist, da der Mensch schon mit den Merkmalen seines Horoskopes geboren wird. Das Horoskop kann man als eine erste Konkretisierung der Absicht der Seele für das vor ihr liegende Leben ansehen.

Nach diesen ersten Vorgängen in dem Lebenskraftkörper beginnen nun die Vorgänge, die das Krafttier zu dem Embryo heranziehen.

Nach den Prägungen durch die Seele und das Horoskop beginnt in dem Lebenskraftkörper des Embryos als nächstes das Assoziationsprinzip zu wirken: Die Dinge, die von ihrem Charakter her der Qualität der Seele und ihrer Absicht für das vor ihr liegende Leben entsprechen, lagern sich an den gerade entstehenden Lebenskraftkörper an. Zu den Dingen, die sich an den Lebenskraftkörpers des Embryos anlagern, gehört auch das Tier, das von seinen Eigenschaften her dem Entschluß der Seele für das vor ihr liegende Leben am ähnlichsten ist. Dieses Tier wird dann zu dem Krafttier des betreffenden Menschen.

Die Bindung zwischen einen Menschen und einem Krafttier beruht also ganz einfach auf ihrer Ähnlichkeit. Diese Verbindung zwischen Mensch und Krafttier beginnt somit bei der Zeugung und endet beim Tod bzw. bei der Auflösung des Lebenskraftkörpers nach dem Tod.

Nun gibt es eine solche Resonanz des von der Seele und ihrer Absicht geprägten Lebenskraftkörpers nicht nur zum Tierreich, sondern auch zum Pflanzenreich und zum Mineralreich. Dadurch hat jeder Mensch auch eine Kraftpflanze und einen Kraftstein. Das Krafttier zeigt dabei, welche Dynamik ein Mensch hat, die Kraftpflanze zeigt, welche Haltung ein Mensch einnimmt, und der Kraftstein zeigt, welche Strukturen ein Mensch erschafft.

Diese drei Dynamiken findet man auch in der Homöopathie wieder, deren Heilmittel in die drei Hauptgruppen tierisch, pflanzlich und mineralisch unterteilt sind. Aus welchem Bereich ein Mensch gerade ein Heilmittel braucht, läßt sich daran erkennen, ob er sehr heftig reagiert und handelt (Bewegung = Tier), oder ob er eine bestimmte Geste ständig wiederholt (Haltung = Pflanze) oder ob er auf bestimmten

Zusammenhängen und Formen beharrt (Struktur = Mineral).

So ist der Mensch durch Assoziationen mit dem gehenden Volk der Tiere, dem stehen-den Volk der Pflanzen und dem liegenden Volk der Minerale im Bereich der Lebenskraft verbunden.

Im Bereich der Menschen führt diese Resonanz dazu, daß man in seinem Leben die Menschen treffen wird, die einem ähnlich und die wichtig für einen selber sind.

So wie gute Freunde einen Menschen daran erinnern, wer er eigentlich ist, so erin-nern auch das eigene Krafttier, die eigene Kraftpflanze und der eigene Kraftstein einen Menschen daran, wer er ist und welchen Lebensstil er sich für dieses Leben vorgenommen hat. Dieselbe Art von Geschenk kann auch ein gut gedeutetes Horos-kop sein.

Das eigene Krafttier ist also nicht nur ein Helfer in allen möglichen Situationen, sondern auch ein Führer zu der Absicht der eigenen Seele für ihre derzeitige Inkarna-tion. Dasselbe gilt auch für die Kraftpflanze und den Kraftstein.

Die Feder des Falken, der das eigene Krafttier ist, der Ast des Ginkgo-Baumes, der die eigene Kraftpflanze ist, und der Feueropal, der der eigene Kraftstein ist, und die alle drei in dem Medizinbeutel liegen, den man um den Hals trägt, sind Verbindungen zu diesen drei Verbündeten, die während der ganzen derzeitigen Inkarnation bei einem bleiben. In diesem Beutel liegt vielleicht noch ein kleiner Goldnugget, der die eigene Seele symbolisiert, wenn man sie als golden leuchtend erlebt. Der Medizin-beutel ist daher so etwas wie ein „tragbarer Tempel", der eine materielle Verbindung zum eigenen Inneren ist ... der ganz private, eigene Weltenbaum.

Der sinnvolle Umgang mit der eigenen Kraftpflanze und mit dem eigenen Kraft-stein sieht genauso aus wie der mit dem eigenen Krafttier: schauen, mit ihnen sprechen, ausprobieren, nutzen ... und dann nach einer geraumen Weile lesen, was es über sie zu finden gibt.

Auch bei der Kraftpflanze ist es nicht wichtig, ob man ein 3cm hohes Moos hat oder einen 130m hohen Eukalyptusbaum, da die eigene Kraftpflanze eine Qualität dar-stellt, aber nicht eine bestimmte Menge an Kraft. Ebenso ist es unwichtig, ob man einen Kieselstein oder einen Diamanten als Kraftstein hat, da auch der Kraftstein eine Qualität und keine Quantität an Lebenskraft darstellt.

Auch bei den Kraftpflanzen und bei den Kraftsteinen gibt es Wesen, die der Mutter-göttin bei den Tieren und Menschen entspricht. Man könnte sie Elfen und Steingeister nennen.

Von der Existenz der Pflanzengeister hat mich ein Experiment überzeugt, daß ich einmal mit meinem Freund Jörg durchgeführt habe.

Jörg ist Homöopath, weshalb die möglichst klare Kenntnis seiner „Kügelchen" und „Tröpfchen" eine der Grundlagen seiner Heilungstätigkeit ist. Daher kamen wir auf die Idee, Traumreisen in einige seiner Kügelchen zu unternehmen, um uns diese

Mittel einmal „von innen her" anzusehen. Dazu haben wir die Kügelchen vor uns auf einen Tisch gelegt und dann als Tor für unsere Traumreisen genommen. Eines Tages haben wir dann eine Traumreise in „Lycopodium C200" unternommen, also in den Bärlapp, der eine kleine Pflanze ist, die am Waldrand wächst.

Jörg und ich trafen uns in unserer Vision auf einer eher kargen, öden Landschaft und frugen uns, wo wir hier wohl hingehen sollten. Da kam ein sehr großer, urtümlicher Vogel und bat uns, uns auf seinen Rücken zu setzen, denn er solle uns zu dem König der Wälder bringen. Einigermaßen überrascht stiegen wir beide auf und der Vogel erhob sich und erreichte nach kurzer Zeit die Küste.

Nachdem wir eine Weile lang übers Meer geflogen waren, sah ich, daß der linke Flügel des Vogel steif wurde und der Vogel Schräglage bekam. Um zu verhindern, daß wir mit dem Vogel ins Meer stürzten, haben ich ihm Licht, also Lebenskraft in sein Flügel-Schultergelenk gesandt, woraufhin der Vogel normal weiterfliegen konnte. Schließlich erreichten wir das andere Ufer des Meeres, wo der Vogel uns in einer hügelig-bergigen Gegend mit nur wenig Pflanzenwuchs absteigen ließ und dann verschwand.

Wir machten uns auf die Suche nach etwas Interessantem und verloren uns dabei nach kurzer Zeit aus den Augen. Nach einer Weile fand ich ein großes, weites Tal, in dem seltsame Bäume wuchsen, wie ich sie noch nie gesehen hatte – irgendwie exotisch und urtümlich. Dort trafen Jörg und ich uns wieder. Wir spürten innerlich nach, wo wir den König der Wälder wohl finden könnten und gingen dann durch den leicht ansteigenden Wald in Richtung der jenseitigen Berge, die das Tal umgaben.

Nach einer Weile erreichten wir einen Hügel, der wie das gesamte Tal bewaldet war. Auf der Kuppe dieses Hügels stand ein kleiner weißer Pavillon und uns war klar, daß hier der König der Wälder wohnte. Aber wo war er? Auf unsere Frage an den Wald spürten wir, daß er unter uns in der Erde war. Also bin ich in die Erde „hinabgetaucht".

Das war ein ziemlich heftiges Erlebnis: Die Erde war oben weich und federnd wie Humus und sah wie welkes Farnkraut aus, aber weiter unten war sie ein Bäume-Massengrab, das eine solche Depression ausstrahlte, daß es kaum zu ertragen war. Ganz unten in diesem Massengrab fanden wir den König der Wälder. Wir nahmen ihn mit nach oben und brachten ihn an die Sonne und versuchten noch verschiedene andere Dinge, aber es gelang uns nur, ihn ein ganz klein wenig aufzumuntern.

Als wir von der Traumreise zurückgekehrt waren und die Reise betrachteten, erzählte Jörg mir, daß man in der Homöopathie Lycopodium Menschen mit einer ganz speziellen Form der Depression gibt. Diese Menschen glauben, daß schon alles vorbei sei und sie halten einfach nur noch durch und ein typisches Symptom dieser Menschen sind eine steife linke Schulter (wie bei dem Vogel). Nachdem wir ein wenig in verschiedenen Lexika gestöbert hatten, fanden wir heraus, daß die gesamten Kohlevorräte der Erde zu 90% aus Lycopodium-Gewächsen entstanden sind, die damals wirklich die Könige der Wälder waren und heute nur noch als kleines Kraut am Waldrand dahinvegetieren – die große Zeit des Lycopodiums ist wirklich schon 200.000.000 Jahre vorbei ...

Dieses Erlebnis zeigt, daß der Bärlapp über eine Erinnerung der Geschichte seiner ganzen Art verfügt, die sich über 200.000.000 Jahre zurück erstreckt. Diese Erinnerung wird sowohl in der Traumreise selber deutlich als auch anhand der Symptome, die man durch Lycopodium heilen kann.

Aus dem bekannten Pflanzenexperiment, bei dem man von zwei gleichen Pflanzen die eine beschimpft und bedroht und die andere lobt und ihr freundlich zuspricht und die eine daher eingeht und die andere gedeiht, ergibt sich, daß die Pflanzen über eine Wahrnehmung verfügen.

Aus diesen beiden Beobachtungen ergibt sich, daß die Pflanzen zum einen ein sehr weit zurückreichendes Gedächtnis haben und daß sie zum anderen auch eine Wahrnehmung haben (zumindest auf der Lebenskraftebene). Wenn man nun aber Gedächtnis und Wahrnehmung kombiniert, erhält man ein Bewußtsein, das seiner selber und seiner Umwelt bewußt ist. Die beste Bezeichnung für solch ein Bewußtsein in einer Pflanze ist sicherlich "Elfe". Da dieses Bewußtsein die gesamte Pflanzenart umfaßt, entspricht es genau den Muttergöttinnen der Tiere.

Das schönste Erlebnis mit Elfen hatte ich, als ich 22 Jahre alt war. Ich ging über eine große Waldwiese, auf der Wiesenschaumkraut stand. Ich wurde auf einmal so von der Schönheit dieser Blüten ergriffen, daß ich mich niederkniete, meine Hände um die Blüten legte und der Blume erzählte, wie schön ich sie finde und wie ich mich freue, sie zu sehen. Da kamen auf einmal leuchtende Visionen von Blüten, die so überwältigend strahlend, bunt und schön und von einer solch unbeschreiblichen Fülle und Vielfalt waren, daß ich lange Zeit nur noch sprachlos dasaß. Etwa zwei Jahre lang brauchte ich nur an dieses Wiesenschaumkraut zu denken und sofort stiegen diese Blumenvisionen wieder in mir auf.

Ein anderes Erlebnis mit Elfen, daß mir vieles deutlicher gemacht hat, hatte ich auf der Insel La Palma, als ich dort mit einer Freundin in dem Tal gewandert bin, in dem sich der letzte Lorbeerwald aus der Kreidezeit erhalten hat. Meine Freundin war von dem ansteigenden Weg sehr erschöpft und wir machten eine Rast. Ich schaute ohne etwas bestimmtes zu wollen über die Wipfel der Lorbeerbäume in dem Tal und spürte dem Wesen dieser Bäume nach. Da sah ich auf einmal den Elf des Lorbeerwaldes. Diese Wahrnehmung war halb "richtiges Sehen" und halb wie bei einer Traumreise.

Dieser Elf sah keineswegs so aus, wie man sich einen Elfen vielleicht vorstellen mag. Er war gut 150m hoch und sah eher so aus, wie man sich einen sehr alten, ernsten Riesen vorstellen mag, der die Ausstrahlung eines Baumes hat. Ich habe ihn innerlich begrüßt und ihn gefragt, ob er meiner Freundin Kraft geben könnte, damit sie weitergehen kann. Er nickte und blickte kurz auf sie und meine Freundin fühlte sich sofort gestärkt und wir konnten weiterwandern. Da meiner Freundin das Wandern in Bergen eher schwerfiel, war das eine Wirkung, die uns beide überrascht hat.

Zum einen ist mir an der Begegnung mit dem Lorbeerelf deutlich geworden, daß man diese Wesen durchaus um Hilfe bitten kann, und zum anderen, daß auch die Elfen als Wesen aus Lebenskraft die Gestalt, in der man sie als Mensch sieht, wohl aus den Bildern in dem betreffenden Menschen nehmen – schließlich gibt es keinen Grund für einen Pflanzenelfen, auch nur annähernd menschliche Gestalt zu haben. Die inneren Bilder des Menschen, der die Elfen sieht, sind die Sprache, derer sich die Elfen bedienen, um ihr eigenes Wesen dem betreffenden Menschen verständlich zu machen.

Man sieht die Elfen zwar mit der Qualität, die sie tatsächlich haben, aber man sieht sie dabei durch die Brille der eigenen inneren Bilder. Oder, von der anderen Seite her beschrieben: Die Elfen sind so freundlich, die inneren Bilder des sie wahrnehmenden Menschen zu benutzten, damit er auch versteht, welche Qualitäten sie haben.

Ob die Elfen, wenn sie einen Menschen wahrnehmen, wohl in entsprechender Weise die von ihnen an dem betreffenden Menschen wahrgenommenen Eigenschaften in pflanzliche Bilder übersetzen?

Dieselben Überlegungen kann man auch für Mineralien anstellen, bei denen sich durch die Erforschung der Heilsteine erwiesen hat, daß der therapeutische Charakter der Mineralien und Kristalle wie bei den Pflanzen ihrer Geschichte entspricht. Zum einen findet sich dies in allgemeinen Kategorien wie dem gemeinsamen Charakter z.B. aller Ergußgesteine oder aller Sedimente oder aller Kristalle mit trigonaler Kristallstruktur, aber auch in den individuellen Biographien der Steine.

So entsteht z.B. der Bernstein aus dem Harz einer Kiefernart, das im Verlauf von Millionen von Jahren versteinert worden ist. Das Harz ist die Substanz der Bäume, mit denen sich die Bäume gegen Eindringlinge verteidigen. Man sollte also annehmen können, daß Bernstein eine gute Hilfe bei allen Vorgängen ist, bei denen das, womit sich der Organismus verteidigt, von einem weichen in einen harten Zustand übergeht. Genau das geschieht, wenn Babys zahnen: aus den noch weichen Zähnen werden harte Zähne, die dann die „Verteidigungswaffe" des Babys sind. Deshalb sind die Bernstein-Zahnkettchen für die zahnenden Babys die beliebteste und effektivste Heilanwendung von Bernstein.

Der Bergkristall bildet sich nur, wenn das flüssige Siliziumdioxyd in der Lava in 100 Jahren nur 1°C abkühlt. Der Bergkristall ist vollkommen durchsichtig und klar und er besteht zudem aus nur einem einzigen Molekül, da jedes Silizium-Atom und jedes Sauerstoff-Atom in dem Kristall mit allen anderen verbunden sind (Si_nO_{2n}). Die Bergkristalle sind daher die größten Moleküle, die es auf der Erde gibt – und sie sind bequem mit bloßem Auge sichtbar. Diese Klarheit und diese vollständige Integration aller seiner Bestandteile entspricht seiner Heil-Qualität: Er klärt und integriert und läßt ruhiger werden.

Der Feueropal ist ein Stein, der aus dem in dem heißem Wasser von Geysiren gelösten Siliziumdioxyd und Spuren von Eisen entsteht. Was ist nun aufsteigende heiße Flüssigkeit? ... Feueropale sind ideal bei sexuellen Potenzstörungen und ein gutes Hilfsmittel beim Aufsteigenlassen der Kundalini, die ebenfalls als Hitze erlebt wird.

Es läßt sich bei den Kristallen zwar meines Wissens keine Wahrnehmungsfähigkeit nachweisen, aber da man mit dem Geist eines Minerals genauso umgehen kann wie mit einem Pflanzenelf oder einer Tiermutter, kann man wohl davon ausgehen, das diese drei Arten von Wesen sich entsprechen.

Man könnte vermuten, daß auch in anderen Bereichen eine Resonanz zu der Absicht einer Seele gibt, aber mir ist bisher weder ein „Kraftpilz" noch eine „Kraftbakterie" oder gar ein chemisches „Kraft-Element" begegnet. Das schließt zwar nicht aus, daß es auch eine solche Verbindung gibt, aber ich kann mangels Erlebnissen dazu nichts darüber sagen ...

Ich habe zwar ein gutes Verhältnis zum Fliegenpilz, dessen homöopathischen Eigenschaften auch zu mir passen, aber ich habe den Fliegenpilz noch nicht in der Weise erlebt wie z.B. meine Wölfin. Die chemischen Elemente sind möglicherweise den Mineralien, die aus meist nur zwei oder drei chemischen Elementen bestehen, zu ähnlich. Da die chemischen Elemente in der Natur nur selten rein vorkommen, fehlen sie möglicherweise in der inneren Wahrnehmung als eigenständige Wesen. Aber vielleicht wäre in diesem Fall auch nur etwas mehr Aufmerksamkeit in dieser Richtung nötig.

Ähnlich könnte es mit den vielen verschiedenen Einzellern sein – es fehlt hier ganz einfach die direkte Wahrnehmung von ihnen, durch die Vorlieben für sie, Abneigungen gegen sie oder Verwandtschaften mit ihnen erkannt werden könnten. Daher ist es nicht verwunderlich, daß keine „Kraftbakterien" bekannt sind.

16. Die Krafttiere in den verschiedenen eigenen Inkarnationen

Aus den Überlegungen des vorigen Kapitels ergibt sich, daß die Bindung an ein bestimmtes Krafttier und auch an eine bestimmte Kraftpflanze sowie an einen bestimmten Kraftstein von der Zeugung bis zur Auflösung des Lebenskraftkörpers nach dem Tod erhalten bleibt. Falls man der Ansicht ist, daß man mehrmals lebt, ergibt sich daraus, daß man mit einiger Wahrscheinlichkeit in seinem vorigen Leben ein anderes Krafttier hatte und in der auf dieses Leben folgenden Inkarnation wieder ein anderes Krafttier haben wird.

Leider sind meine Informationen zu diesem Thema äußerst spärlich, da ich lediglich weiß, daß ich beim letzten Mal keine Wölfin, sondern einen Hirsch hatte.

So wie man in jedem Leben ein neues Horoskop erforscht und erlebt, so ist man in jedem Leben auch mit einem neuen Krafttier, einer neuen Kraftpflanze und einem neuen Kraftstein verbunden. Aufgrund der beschränkten Anzahl der möglichen Krafttiere, -pflanzen und -steine kann man allerdings davon ausgehen, daß ich die Verbindungen zu ihnen schneller wiederholen.

Es läßt sich auch keinesfalls ausschließen, daß man sich einmal in mehreren Leben nacheinander mit demselben Tier, derselben Pflanze oder demselben Stein verbindet – je nach dem, was die eigene Seele für ihre jeweiligen Inkarnationen beschließt.

17. Tierfreunde und anderes

Nicht alle Tiere, mit denen man sich verbunden fühlt, sind Krafttiere. Ich finde z.B. Eichhörnchen ausgesprochen sympathisch und kann sie bisweilen auch anlocken, indem ich ihre Stimme nachahme, aber ich glaube nicht, daß ich irgendeine spirituelle oder magische Verbindung zu ihnen habe – sie sind halt knuddelig und ich klettere genauso gerne wie sie (aber nicht ganz so gut) auf Bäumen herum.

Die individuellen Verbindungen zu einem bestimmten Tier wie z.B. der eigenen Hauskatze oder dem Pferd der besten Freundin sind auch nicht unbedingt ein Hinweis darauf, daß man eine Katze oder ein Pferd als Krafttier hat, sondern einfach, daß man das betreffende Tier mag – was natürlich nicht ausschließt, daß man tatsächlich eine Katze oder ein Pferd als Krafttier hat.

Es scheint auch ab und zu vorzukommen, daß ein bestimmtes Tier ähnlich wie ein Krafttier ein zeitlang auf der Lebenskraftebene bei einem ist – vermutlich weil man seine Qualität gerade gut brauchen kann. Nach einer Weile ist dieses Tier dann wieder fort. Letztlich ist es nicht so wichtig, wie man ein solches Tier einordnet, da es darum geht, die Qualität dieses Tieres wahrzunehmen und dadurch evtl. etwas heiler, runder und freudevoller zu werden und evtl. neue Verhaltensmöglichkeiten zu entdecken.

Auf Traumreisen kann man auch die Gestalt von anderen Tieren annehmen. So „verwandle" ich mich auf den Traumreisen zu der Tiermutter des Krafttieres einer Person, die ich auf dieser Traumreise begleite, ebenfalls in dieses Tier und laufe, fliege, schwimme oder krieche dann neben dem Krafttier dieser Person her, um zu der Mutter dieser Tierart zu gelangen. Dies ist immer wieder eine Bereicherung, da die Welt aus der Perspektive eines jeden Tieres wieder etwas anders aussieht.

Schließlich gibt es noch einen recht exotischen Bereich, in dem man andere Tiere kennenlernen kann. Auf manchen Traumreisen, in denen man als ein anderes Tier unterwegs ist, ergibt es sich, daß es zu einer Paarung mit einem anderen Tier dieser Art kommt. Nun ist die Sexualität bei den Tieren sehr verschieden ... bei den Katzen z.B. kurz und heftig und bei den Schlangen dauert die Vereinigung unter Umständen tagelang ... Es lohnt sich durchaus, sich hier einmal umzuschauen.

Manchmal gibt es auch Ereignisse im Zusammenhang mit Tieren, bei denen ziemlich unklar ist, wie sie zustande gekommen sind und lediglich deutlich ist, daß diesen Ereignissen ein größerer Plan zugrundeliegt. Vielleicht hat in solchen Fällen die Tiermutter selber ein Anliegen und setzt es auf diese Weise um.

Mein Freund Jörg hat eine der verrücktesten Tier-Geschichten dieser Art mit den Eulen erlebt. Vor etlichen Jahren hat er einmal eine Satire auf die Beschreibungen von homöopathischen Arzneimittelprüfungen verfaßt. Bei diesen Arzneimittelprüfungen nehmen ca. ein Dutzend Personen ein neu hergestelltes homöopathisches Mittel ein und beobachten dann die daraufhin auftretenden Symptome, um das Mittel kennenzulernen. Die betreffende Satire hat er über Eulenmilch verfaßt.

Er hat dazu eine komplette Arzneimittelprüfung mit den Symptomen der Probanden, mit Träumen und Ereignissen usw. erfunden und veröffentlicht – und bekam prompt jede Menge Anfragen nach Eulenmilch in allen denkbaren Potenzen. Auf seine Antwort hin, daß es doch gar keine Eulenmilch gäbe, da Eulen eben keine Säugetiere seien, meinten etliche Besteller, daß ihnen das egal sei, aber daß sie genau dieses Mittel bräuchten, da sie genau unter diesen Symptomen leiden würden. Mittlerweile ist diese Satire in mehrere Sprachen übersetzt worden.

Nach einiger Zeit entdeckte ein Apotheker, der von dem Eulenmilch-Mittel begeistert war, angeblich am Hals einer Eulenart eine Zirbeldrüse, die ein milchiges Sekret absondern soll. Natürlich hatte das daraus hergestellte Mittel genau die Eigenschaften, die Jörg vorher frei erfunden hatte.

Eines Tages kam dann ein ihm unbekannter Mann zu ihm und bat ihn, in seinem Gar-ten einen Eulenkasten aufstellen zu dürfen, in dem er eine Eule gesund pflegen wollte, die er auf der Straße gefunden hatte und die offenbar mit einem Auto zusammengestoßen war. So nistet nun unter dem Giebel von Jörgs Homöopathieschule eine Eule und bringt seinen Schülern Weisheit. Der Eulenkasten befindet sich an der Außenseite der Wand, an deren Innenseite Jörg die Diagramme für seine Schüler projiziert ...

Inzwischen hat Jörg auch eine richtige Arzneimittelprüfung mit den Federn einer Schleiereule durchgeführt.

Hier ist noch unsere gemeinsame Traumreise zur Eulenmutter, die wir in diesem Zusammenhang einmal gemacht haben:

"Gut, Harry, wir können anfangen."

"Ich bin in einem Wald angekommen – nicht allzu dicke Eichen, einige Birken, der Boden ist leicht sumpfig, hohes Gras, anderswo Torfmoos ... da fliegt eine Eule kurz vor uns von links nach rechts vorbei."

"Es ist gerade die erste Nachthälfte ..."

"Es muß kurz vor Vollmond sein, er steht dort drüben West-Nord-West, es ist also kurz vor Mitternacht."

"Die Bilder sind unsicher, fast als ob ich Anfänger wäre ... komisch ..."

"Was machen wir jetzt, Jörg? Fliegen?"

"Vielleicht etwas fragen?"

"Soll ich mal rufen, ob eine Eule kommen und mit uns sprechen mag?"

"O.k."

" Ich rufe mal innerlich in den Wald hinein – ja, dahinten sind viele Eulen, kleine und große; es entsteht eine Unruhe bei ihnen – in der Mitte sind ganz große Eulen, Uhus – eine von ihnen fliegt her zu uns ..."

*"Ja, ich habe den Uhu auch schon gesehen, er hat erst hier kurz vor uns aufge-
baumt, aber dann habe ich ihn nicht mehr gesehen."*

*"Er sitzt jetzt auf meinem rechten Arm. – Ich bekomme keine rechte Antwort von
ihm, aber meine Stirn fühlt sich komisch an, als ob an ihr links und rechts etwas
emporstände und als ob der Uhu mir etwas an meine Stirn senden würde. Ich habe
ihn nach der Mutter der Eulen gefragt und ob wir uns in Eulen verwandeln können,
aber es kommt nichts Deutliches als Antwort ..."*

"Er will nicht reden, Harry. Er will, daß wir ihm folgen."

"Er fliegt da nach links, da sind Felsen und Moos ..."

"Ja, und zwischen den Felsen ist eine Quelle."

"Wir sollen davon trinken, glaube ich."

"Hmm, gut."

"Oh, das ist ja verrückt! Hast Du auch schon davon getrunken, Jörg?"

"Ja, aber ich tue mich schwer mit der Verwandlung ..."

*"Ich kann Dich sehen, Du bist ein Waldkauz, eher helles Gefieder, aber das Bild ist
unklar ... Ich bin etwas größer, ich weiß aber nicht, was für eine Eulenart das ist, und
mein Gefieder ist etwas dunkler. Der Uhu ist aber noch viel größer als wir und auch
fast schwarz.– Hmm, ich bespritze Dich mit meinem Flügel mit dem Wasser der
Quelle, das hilft bei der Verwandlung."*

*"Ja, ich habe auch schon begonnen, mich ganz mit Wasser zu benetzen. Ich glaube,
es geht jetzt."*

*"Gut, der Uhu ist gerade losgeflogen – folgen wir ihm. Es ist schon ungewohnt, so
zu fliegen – man muß so auf rechts und links, oben und unten aufpassen – die ganzen
Äste und Zweige. – Da vorne ist ein großer abgestorbener Baum mit vielen Ästen, auf
dem sitzen eine Menge verschiedenster Eulen. Ich setze mich dazu in die Nähe des
Uhus."*

*"O.k., Harry, ich bin jetzt auch da, aber das Bild ist noch immer unsicher und ich
gerate immer wieder in Alltagskram hinein – komisch, wieso eigentlich?"*

- - -

*"Jetzt sitzen wir hier schon eine ganze Zeit herum, Jörg, und der Uhu sagt mir
immer wieder, ich solle ruhig sein und warten. Eben bin ich mal zwei Runden um den
Baum geflogen und habe mich dann wieder hier hingesetzt, aber das ist wohl nicht
sehr eulenmäßig gewesen. Die sitzen einfach da und warten. – Hast Du gesehen, wie
sich der Uhu von innen anfühlt? Er ist wie leer, wie Bewußtsein, in dem keine
Hindernisse sind. Er scheint nicht einfach ein gutes Gedächtnis zu haben wie die
Elefanten, das ist noch anders ..."*

*"Ja, es ist ist, als würde die Zeit keine Rolle für sie spielen, als könnten sie die Zeit
entlangschauen wie wir durch den Raum schauen."*

*"Sie sitzen und warten und das sollen wir auch tun. – Nicht so einfach ... Es pas-
siert einfach nichts."*

"Wenn man Eulen in die Augen schaut, sieht man auch diese Leere, sie sind wie unbeteiligt – ganz anders als z.B. eine Katze."

"Hast Du auch gespürt, daß sich da unten im Wald etwas bewegt, Jörg? Etwas Großes, Mächtiges, wie eine Monster-Schlange? Aber es zeigt sich nicht. Und die Eulen wissen, daß es da ist..."

"Komisch, Schlangen? Bei der Untersuchung, welche Qualitäten das neu geschaffene homöopathische Schleiereulen-Präparat hat, tauchten auch Schlangen auf – das kenne ich gar nicht aus der Mythologie ..."

"In Peru gibt es Amulette, in denen eine Eule eine Schlange im Schnabel hält ... Dieses Schlangen-Monster da unten ist wirklich unheimlich. Es fällt mir echt schwer, hier einfach ruhig sitzenzubleiben ... Oh, der Uhu meint, wir fliegen jetzt zu einem anderen Baum. Er liegt in Richtung Ost-Süd-Ost – wir fliegen also mit dem Mond hinter uns."

"O.k., ich komme mit."

"Ah, jetzt sehe ich ihn – eine große Fichte, die über die anderen Bäume emporragt."

"Ja, ich sehe sie auch. Ich setzte mich auf einen Ast in der Nähe des Stammes."

"Ich sitze weiter außen neben dem Uhu und schaue zu dem Vollmond hinüber. – Hmm, spürst Du das auch? Da ist wieder diese Schlange. Sie versucht, in dem Baum emporzusteigen, aber das würde ihn sprengen ..."

"Ich versuche nur, in der Vision zu bleiben. Das fällt mir noch immer schwer. Aber laß mich das alleine regeln. Vorhin, als Du Dich auf dem toten Baum auf meine Eulengestalt konzentriert hast, bin ich ganz herausgefallen aus der Reise."

"Ist gut. Der Uhu meint nur wieder, ich solle warten, nichts tun, einfach dasitzen und schauen. – Fällt mir nicht leicht, vor allem mit diesem Rumoren der Schlange da unten. Ich habe das Gefühl, wenn sie aufsteigt, daß ich dann explodiere, daß alle Hindernisse in meinen Chakren fortgesprengt würden, aber daß mein Bewußtsein dabei völlig ruhig bleiben würde wie das von den Eulen. Verstehst Du das? Hast Du schon einmal von einer Verbindung der Eulen zur tibetischen Tummo-Meditation gehört? Das Bewußtsein dieser Eulen ist wie bei einer Zen-Meditation – nur das sich Zen im Vergleich zu dem Eulenbewußtsein ziemlich plump anfühlt ..."

"Diese Schlange muß wohl die Kundalini sein. Und daß ich immer wieder aus der Vision herausfalle, muß wohl daran liegen, daß ich vor irgendetwas Angst habe, was diese Kraft zutage fördern könnte."

"Jörg, der Uhu will noch einmal weiterfliegen, wieder nach Ost-Süd-Ost."

"O.k., ich versuche zu folgen."

"Dort sind Berge, ein Plateau, dahinter eine hohe Felswand, rechts und links auch Felsen, davor ein Abgrund, die Fläche ist vielleicht 10x10m groß. Die Eulen setzten sich dorthin, eher am Rand und auf Vorsprünge. Ich finde keinen Halt auf den Vorsprüngen ... O.k., ich setze mich unten an den hinteren Rand des Platzes neben den Uhu. Eigentlich ist das doch ein Platz für Adler oder nicht? Was meinst Du,

Jörg?"

"Nach dem toten Baum und dem lebendigen Baum kommen nun die Felsen des klaren Bewußtseins ... das ist schon schlüssig."

"Ich glaube, da kommt etwas. Was ist das? Halb durchsichtig und nebelhaft – eine große Eule, die sich mitten auf das Plateau setzt. Das muß die Eulenmutter sein."

"Ich sehe nichts, ich kann mich wieder kaum in der Vision halten."

"Manchmal kann ich mich für die Eulenmutter öffnen, manchmal nicht – es schwankt so hin und her. Diese Art von Bewußtsein, dieses Warten und Schauen ist ziemlich ungewohnt. – Diese Eulen sind die Bewahrer der Erinnerungen – die können alles sehen, was einmal gewesen ist – wenn sie wollen – seltsam ... Mein Körper zappelt wie verrückt, Jörg, wenn ich mich auf die Eulenmutter einlasse und wenn ich ihre Stimme höre, daß heißt, ich weiß nie genau, ob es die Eulenmutter ist oder der Uhu, die zwei sind so eng miteinander verbunden. Die Schlangenkraft will meine Chakren empor und da scheint es einige Blockaden zu geben. Und der Uhu sagt, ich solle nichts tun, sondern warten und schauen, warten und schauen. Besonders in meinem Hals arbeitet diese Kraft."

"Nun sind wir schon eine ganze Weile hier und es passiert nichts neues – Dein Körper zappelt und ich falle immer wieder aus der Vision heraus. Meinst Du, es kommt noch was Wichtiges?"

"Hmm, ich frage mal den Uhu. – Das scheint für heute erst einmal genug zu sein. Laß uns zurückfliegen. Zu der Fichte, dann zu dem toten Baum, dann zu der Quelle und dann zu dem Startplatz im Wald. Und dann zurück. ... ... O.K. ich bin wieder hier. Du auch?"

"Moment noch, ich brauche noch ein bißchen Zeit. – O.K."

"Das war ja eine seltsame Reise. Manchmal findet man auf diesen Reisen Dinge, mit denen man gar nicht gerechnet hat. Aber die Teile passen gut zusammen und auch zu den Dingen, über die wir gerade vorher gesprochen haben. Und auch dazu, daß ich gerade über den 23. Pfad zwischen Hod und Geburah im kabbalistischen Lebensbaum schreibe. Komisch, ich habe mich nicht einmal bei den Eulen bedankt, irgendwie sind die so anders, daß es gar nicht so einfach ist, beieinander zu bleiben."

Der Zusammenhang zwischen Eulen und Schlangen ist in der Mythologie zumindest nicht ganz unbekannt. In Südamerika gibt es häufig Darstellungen von einer Eule, die eine Schlange im Schnabel hält, was allerdings vermutlich daran liegt, daß die Eulen wie alle Raubvögel bisweilen auch Schlangen jagen.

In Europa findet sich dieser Zusammenhang vor allem bei Athene, der griechischen Göttin der Weisheit, deren Tier die Eulen sind und die auf ihrem Schild das Haupt der Gorgo trägt, deren Haare Schlangen sind – man könnte also vermuten, daß Athene die Weisheit der Eulen auch in Bezug auf die Schlangen kennt. Die Schlangen sind oft die Helfer der Athene, die für die Göttin Kinder aufziehen, Menschen beschützen oder auch Feinde wie den Laokoon töten. Die Schlangen wurden oft als Sinnbild der Weisheit und der Sehergabe der Athene angesehen. Die Eule wird oft auf dem Schild der Athene abgebildet und wurde schon um 1.500 v.Chr. in Mykene verehrt, wie eine goldene Eule zeigt. Athene selber wurde von Homer regelmäßig als „eulenäugig" bezeichnet. Homer stellt auch die Götter insgesamt immer wieder als Vögel dar.

Es liegt nahe, die Göttervögel als Seelenvögel aufzufassen und daher den Zusammenhang zwischen Eule und Schlange bei Athene wie den Zusammenhang zwischen den beiden Schlangen und der Flügelsonne bei Hermes zu verstehen: die Schlange als den Weg ins Jenseits und den Vogel als die Seele. Daraus würde sich dann als Qualität die Wahrnehmung der Lebenskraft und auch die Weisheit als Verallgemeinerung des Wissens um den Weg ins Jenseits ergeben.

Die Eulen in der Traumreise zeigen eine Möglichkeit, mit der erwachenden Kundalini sinnvoll umzugehen: Gleichmut, Schauen und Warten.

Möglicherweise lag der Eulenmutter bei dieser ganzen langen Eulen-Geschichte am Herzen, daß Jörg eine Homöopathieschule gründen und anderen diese Heilweise lehrt – schließlich sind Eulen die Tiere der Weisheit ...

18. Die fünf Ebenen

In diesen Betrachtungen über die Krafttiere sind bisher vier verschiedene Bereiche erwähnt worden: die materielle Welt, der Bereich der Lebenskraft, der Bereich der Seelen und der Bereich der Gottheiten. Als fünften Bereich gibt es noch den Bereich der Einheit: Gott.

Diese Bereiche sind miteinander verbunden, liegen ineinander, sind verschiedene Betrachtungsweisen derselben Welt. Um den „Ort" der Krafttiere besser zu erkennen, kann man diese fünf Bereiche einmal mit einigen ihrer Eigenschaften in einer Tabelle zusammenfassen. Die wichtigste Qualität ist der Grad von Vielheit bzw. Einheit in einem Bereich; der wichtigste Anhaltspunkt ist vermutlich die Art von Bewußtsein, die in diesem Bereich lebt und ihn erfaßt und in ihm handelt; der Bereich, der diese Qualitäten am anschaulichsten macht, ist wahrscheinlich die Physik.

Ebene	Bewußt-sein	Wesen	Erleb-nis	An-zahl	Größe	Zusam-men-hang	Dyna-mik	Physik
Einheit	Einheit	Gott	Einheit	eins	alles umfas-send	Einheit	Freiheit	Raum-zeit
Gott-heiten-ebene	"Erwa-chen"	Gott-heiten	Auflö-sung	weni-ge	sehr groß	Kontinu-um	Wunder	Energie-quanten
Seelen-ebene	Tief-schlaf	Seelen	Liebe	eini-ge	groß	Indivi-dualität	Gestal-tung	Elemen-tarteil-chen
Lebens-kraft	Traum-bewußt-sein	Krafttiere, -pflanzen, -steine	Leben-digkeit	viele	klein	Assoz-iation	Magie	Atome
Mate-rie	Wachbe-wußtsein	Körper	Wach-heit	sehr viele	sehr klein	Determi-niertheit	Tren-nung	Alltags-Dinge

Im Bereich der Materie besteht die Trennung und Unterscheidung aller Dinge voneinander. Diese Dinge wirken aufeinander und ihre Wirkung ist durch die Naturgesetze genau festgelegt – die Ereignisse sind vollständig determiniert. Aus dieser Perspektive betrachtet besteht die Welt aus den riesigen Mengen von winzigkleinen Atomen. Die materielle Welt wird von dem Wachbewußtsein wahrgenommen.

Im Bereich der Lebenskraft, in dem sich unter anderem der Lebenskraftkörper des Menschen, sein Krafttier, seine Kraftpflanze und sein Kraftstein finden, sieht die Dynamik anders aus. Hier herrscht nicht die Kausalität, sondern hier lagern sich die Dinge durch Assoziation aneinander, was bedeutet, daß man durch die Konzentration auf die inneren Bildern und ihr Herbeiziehen, also durch die eigene gewollte Assoziation mit ihnen die ihnen entsprechenden Ereignisse in der materiellen Welt herbeiführen kann. Dies nennt man im Allgemeinen Magie.

Das Wesen dieses Bereiches ist die Lebendigkeit. In ihm gibt es weniger und zugleich größere Einheiten als im materiellen Bereich: So ist z.B. der Lebenskraftkörper in die Chakren, die Akupunkturlinien und einige andere Strukturen gegliedert, die wesentlich einfacher sind als die Organe, Zellen, Moleküle und Atome des materiellen Körpers. Dieser Bereich wird vom Traumbewußtsein wahrgenommen und von ihm aus kann man auch in ihm z.B. während einer Traumreise handeln.

In der Physik finden sich diese „einfacheren Dinge" als die Atome wieder.

Im Bereich der Seele werden die Strukturen noch einmal einfacher: An die Stelle der einfachen inneren Dynamik des Lebenskraftkörpers tritt das alles gestaltende Zentrum der Seele, deren Grundqualität die Liebe ist. Hier gibt es noch weniger Strukturen als im Bereich der Lebenskraft. Da es weniger von ihnen gibt, sind sie größer und umfassender, da schließlich jede dieser fünf Ebenen eine vollständige Beschreibung der Welt von einer bestimmten Perspektive aus ist.

Die Dynamik der Seelen ist die individuelle Gestaltung, also der Selbstausdruck und die sich daraus ergebende Selbsterfahrung. Das Bewußtsein dieser Ebene ist der Tiefschlaf, den man bewußt z.B. in der tiefen Meditation erreichen, in der man nicht mehr denkt, fühlt oder innere Bilder sieht, sondern einfach Bewußtsein ist, das sich seiner selbst bewußt ist.

In der Physik entspricht dieser Bereich den Elementarteilchen, die sich zu den Atomen zusammensetzen, aus denen wiederum die Dinge in unserem Alltag bestehen.

Die nächste Ebene ist der Bereich der Gottheiten. Dort befindet sich die Muttergöttin, die Tiermütter, die Pflanzenelfen, die Steingeister – die Urbilder aller Dinge, die in unserer Welt existieren. Die Einheiten, also die Gottheiten werden hier sehr groß und es gibt daher weniger von ihnen.

Die Gottheiten sind von ihrer Qualität her definiert, aber sie sind grenzenlos. Dasselbe trifft für Energiequanten zu, die im Gegensatz z.B. zu den Elementarteilchen und Atomen ebenfalls in ihrer Wirkung grenzenlos sind (Kräfte reichen unendlich weit), auch wenn sie eine genau bestimmbare Qualität haben. Die Struktur dieses Bereiches ist daher das Kontinuum, in dem sich alles Existierende wie Lichtwellen ungehindert überlagert.

Das Erlebnis dieses Bereiches beginnt folglich mit der Auflösung der eigenen

Grenzen, was meistens als Sprung in einen bodenlosen Abgrund beschrieben wird. Das sich daraus ergebende Bewußtsein ist das oft beschriebene „Erwachen", in dem man sich als Teil des Ganzen erlebt.

Der fünfte Bereich ist die Einheit: Gott. Hier gibt es nur die alles umfassende Einheit, die physikalisch der Raumzeit (oder noch genauer der Zeit) entspricht. ... und dort, wo es nur die Einheit gibt, ist die einzige Qualität die Freiheit; denn was sollte den Selbstausdruck Gottes, der das Eine-Alles-einzige ist, in irgendeiner Weise einschränken können?

Die Übergänge zwischen diesen Bereichen sind die zentralen Themen von Magie, Religion und jeder Form von Spiritualität.

Durch die Integration des Wachbewußtseins mit dem Traumbewußtsein überquert man die Schwelle von der materiellen Welt zum Bereich der Lebenskraft. Dieser Schritt ist notwendig, um sich seines eigenen Krafttieres bewußt zu werden.

Durch die anschließende Integration dieses Bewußtseins mit dem Tiefschlafbewußtsein, die symbolisch die Überquerung des Jenseitsflusses ist, da man ihn auch bei der Zeugung und bei dem Tod überquert, wird man sich seiner eigenen Seele vollständig bewußt. Dies ist der Übergang, der bei einem Nahtod erlebt wird.

Durch die anschließende Integration dieses Bewußtseins mit dem Bewußtsein der Gottheitenebene erlangt man das Erwachen, in dem man sich als unabgegrenzter Teil des Ganzen erlebt: ein sich seiner selbst bewußter Tropfen im Meer.

Durch die letzte Integration erreicht man schließlich das Erleben der Einheit aller Dinge, die das erklärte Ziel aller Mystiker ist.

Das Kennenlernen des eigenen Krafttieres ist der erste Schritt auf diesem Weg.

Die Begegnung mit den Gottheiten findet normalerweise „nur" im Bereich der inneren Bilder statt – wie z.B. auf Traumreisen. Dann sind diese Begegnungen sehr heilsam und zugleich auch keine große Herausforderung. Wenn man jedoch einmal eine Gottheit in ihrem eigenen Bereich erlebt, lösen sich alle Abgrenzungen auf, weshalb man das Gefühl haben, daß die Qualität der Gottheit wie eine große Woge über einen hereinbricht und einen fortschwemmt – was ein wenig erschreckend sein kann.

Auch die Begegnungen mit der eigenen Seele auf Traumreisen finden zunächst einmal im Bereich der inneren Bilder, d.h. der Lebenskraft statt. Wenn die inneren Bilder von innen her zu leuchten beginnen und so klar und deutlich konturiert werden, daß sie die normale Wahrnehmung z.B. eines Baumes mit den materiellen Augen übertreffen, dann beginnt man sich an den Bereich der Seelen anzunähern.

In Gott sind alle eins
In der Gottheit findet man die eigene grundlegende Qualität
In der Seele die Individualisierung dieser Qualität
Im Krafttier die Geste, in der man diese Qualität lebt
Im Körper die Form, in der man diese Qualität in diesem Moment neu erschafft

19. die eigene Mythologie

Das eigene Krafttier kennenzulernen und eine Freundschaft mit ihm zu beginnen führt dazu, daß man etwas näher an dem lebt, was sich die eigene Seele für dies Leben vorgenommen hat. Natürlich kann man gar nichts anderes tun, also nichts anderes erleben als das, was die eigene Seele in ihrer derzeitigen Inkarnation erkunden wollte. Aber man kann diese Erkundung verschieden bewußt leben und erleben – was zu einem recht unterschiedlichen Niveau dieser Erkundung führen kann.

Wenn man sein eigenes Krafttier bewußt lebt, beginnt man eine Kooperation mit der eigenen Seele, was das eigene Leben deutlich effektiver werden läßt. Wenn man die Dinge in der Weise macht, wie es dem Wesen des eigenen Krafttieres entspricht, wird man deutlich mehr erreichen und diese Dinge zudem mit weniger Anstren-gung erreichen. Wenn man sich schließlich ganz aus dem eigenen Krafttier heraus bewegt, wird das eigene Handeln mühelos und geschmeidig werden – elegant wie der Sprung einer Katze.

Das Einstimmen der eigenen Bewegungen auf die Art des eigenen Krafttieres, also das Wiederfinden der eigenen Bewegungsdynamik, ist jedoch nur ein Teil dieses Kooperierens mit der eigenen Seele. Dasselbe Einstimmen ist auch in Bezug auf die eigene Haltung möglich, die durch die eigene Kraftpflanze dargestellt wird und auch in Bezug auf den eigenen Kraftstein, an dem man die Art der förderlichen Strukturen in der derzeitigen eigenen Inkarnation ablesen kann.

Durch die Freundschaft und die bewußt gelebte Verwandtschaft mit den drei Ver-bündeten, also dem eigenen Krafttier, der Kraftpflanze und dem Kraftstein, erreicht man den Einklang der eigenen Handlungen, der eigenen Haltung und des eigenen Weltbildes mit der Absicht der eigenen Seele für ihre derzeitige Inkarnation.

Dieses Einstimmen des eigenen Verhaltens auf die Absichten der eigenen Seele kann durch die Kenntnis des eigenen Horoskopes unterstützt werden, da der Stand der Planeten zum Zeitpunkt der eigenen Geburt den eigenen Lebensstil beschreibt.

Wenn man die drei eigenen Verbündeten schon eine Weile kennt und auch mithilfe einer Meditation, Traumreise oder ähnlichem den bewußten Kontakt zu der eigenen Seele hergestellt hat, wird sich aus diesen Puzzlesteinchen ein schlüssigeres Bild ergeben.

Wenn man z.B. einen Flamingo als Krafttier, einen Rieseneukalyptus als Kraft-pflanze und einen Feueropal als Stein hat und die eigene Seele dem indischen Gott Shiva ähnelt, könnte man vermuten, daß der Flamingo den Seelenvogel und die Astralreise darstellt, der Feueropal die Sexualität und das Kundaliniyoga und der Rieseneukalyptus den himmelhohen Weltenbaum. Das ergäbe eine Szenerie, die durchaus zu einer Shiva-ähnlichen Seele passen würde, da die Astralreise (Flamingo) unter anderem durch das Aufsteigen der Kundalini erreicht werden kann, die symbolisch den Weltenbaum emporsteigt.

Für eine Person mit dieser inneren Konstellation wird es daher vermutlich förderlich sein, sich mit der Sexualität und insbesondere mit Kundaliniyoga zu befassen. Da der Flamingo zudem ein Vogel ist, der immer in größeren Schwärmen auftritt, und der Weltenbaum die Verbindung zum Himmel, also zu dem eigenen Innersten repräsentiert, kann man vermuten, daß diese Person ihre Erlebnisse und Erkenntnisse auch anderen Menschen vermittelt.

Es wäre also nicht verwunderlich, wenn eine solche Person ein Tantra-Lehrer oder eine Tantra-Lehrerin werden würde. Dabei würde der Schwerpunkt wahrscheinlich auf der traditionellen, spirituellen Seite des Tantra liegen (Shiva), aber den modernen Aspekt der Heilung der Sexualität durchaus mit beinhalten können.

Diese innere Mythologie, die man in seinem Leben entfaltet und konkretisiert und erlebt, ist das, was die eigene Seele in ihrer derzeitigen Inkarnation erkunden möchte. Diese innere Mythologie hat noch weitere Aspekte. Zunächst einmal ist das eigene Horoskop sozusagen die Schöpfungsgeschichte dieser Mythologie, die dann zyklisch (idealerweise auf immer höherem Niveau) ständig wiederholt wird. Die eigene Seele ist der Schöpfer in dieser Mythologie.

In der inneren Bilderwelt läßt sich dann auch der innere Mann und die innere Frau, die die Spiegelbilder der eigenen Seele in der Lebenskraft sind, finden. Oft sind diese beiden Bilder allerdings von den Ängsten und Süchten eingehüllt, die im Laufe des eigenen Lebens entstanden sind.

Der direkteste und einfachste Zugang zu dieser inneren Mythologie sind die eigenen Träume. Bei der Erforschung dieser Mythologie kann daher ein Traumtagebuch, mit dessen Hilfe man immer wieder einmal seine Träume betrachten und vergleichen und in zunehmendem Maße verstehen kann, sehr hilfreich sein.

Manchmal gehören zu dieser persönlichen Mythologie auch noch Menschen, Orte, Dinge, Weltanschauungen und ähnliches, die eine zentrale Stellung in dem eigenen Leben einnehmen. Wenn man solchen Menschen, Orten oder Dingen begegnet, dann hat man oft das Gefühl, daß sie leuchten oder daß man auf sie gewartet hat oder sich an sie erinnert, obwohl man sie nicht kennt. Möglicherweise kennt man sie aus einem früheren Leben und erkennt sie dann wieder.

Wenn man einen Menschen wiedertrifft, den man schon aus einem früheren Leben kennt, heißt daß nicht unbedingt, daß man nun besonders eng mit diesem Menschen verbunden ist oder gar eine Beziehung mit ihm haben muß, aber es entsteht dadurch eine innere Weite in der Begegnung mit einem solchen Menschen, die durchaus einen großen Wert hat, da sie eine größere Ruhe und Gelassenheit ins Spiel bringt, da der Tod in Bezug auf die Verbindung mit anderen Menschen dann keine so große Rolle mehr spielt. Auch die Art der Verbindung hört dann auf, so sehr wichtig zu sein: Es zählt vor allem die Verbundenheit, egal ob man gerade Vater und Kind, Freunde, ein Paar oder was auch immer ist ... und diese Freiheit von der konkreten äußeren Form kann sehr erleichternd sein.

Dies sind zwar Zusammenhänge anderer Art als z.B. die Verbindung mit dem eigenen Krafttier, aber sie bilden auch zentrale Punkte in der eigenen inneren Mythologie.

Es gibt noch eine weitere mögliche Begegnung in der „inneren Welt", die sehr bereichernd sein kann, aber recht unbekannt ist.

Im Bereich der Materie sind die Dinge alle eindeutig, also „eins". Im Bereich der Lebenskraft sind die Dinge polar wie Yin und Yang, weshalb sich z.B. die Seele im Lebenskraftkörper des Menschen, als der sie sich gerade inkarniert hat, einmal als Mann und einmal als Frau spiegelt. Im Bereich der Seele sind die Dinge nun dreipolar. Diese drei Polaritäten sind auch aus der Physik von den drei grundlegenden Kräften in unserer Welt bekannt: die Gravitation ist einpolar, die elektromagnetische Kraft ist zweipolar und die Farbkraft (die z.B. die Quarks in einem Proton zusammenhält) ist dreipolar. Der Bereich der Gottheiten ist wieder zweipolar und Gott selber als die Einheit ist einpolar.

Aufgrund dieser Dreipolarität finden sich zusammen mit der eigenen Seele noch zwei „Geschwister" der eigenen Seele. Falls die Seele dem Menschen, den sie erschaffen hat, als Wesen mit einem bestimmten Geschlecht erscheint, hatten die beiden „Geschwister" der Seele in allen mir bekannten Fällen das andere Geschlecht. Eine männliche Seele wird also von zwei Frauen begleitet, die die „Schwestern" dieser Seele sind.

Diese beiden Seelengeschwister scheinen vor allem in Krisensituationen aufzutreten und den betreffenden Menschen zum einen an das zu erinnern, was er eigentlich ist, und ihn vor allem körperlich zu „heilen". Dies kann darin bestehen, daß man in einem Traum oder auf einer Traumreise erlebt, von diesen beiden Seelengeschwistern in den Arm genommen zu werden oder daß der eigene Körper wie durchgeknetet oder bearbeitet wird – dieser zweite Fall kann einem zunächst einmal ein wenig unheimlich vorkommen.

Ein weiterer, sehr wichtiger Bestandteil der inneren Mythologie ist die Gottheit, von deren „Meer" die eigene Seele ein „Tropfen" ist. Diese Gottheit wiederzufinden bedeutet die eigene innere Heimat wiederzufinden. In der Begegnung mit der eigenen Seele erkennt man die eigene Identität auf direkte Weise, wodurch die Frage nach dem Lebenssinn verstummt; die Begegnung mit der eigenen Gottheit führt dazu, daß man sich wieder als einen Teil der ganzen Welt erlebt.

Schließlich gibt es als Letztes noch die Erkenntnis, daß hinter aller Vielheit eine Einheit steht: Gott.

Die Dauer, in der die einzelnen Teile dieser inneren Mythologie bestehen bleiben, ist sehr verschieden. Der physische Körper ändert ich in jedem Augenblick; der Lebenskraftkörper bleibt zwischen zwei Leben in seinen Grundzügen gleich; die Seele wächst und entwickelt sich, bis sie sich wieder in ihre Gottheit hinein auflöst; die Gottheit bleibt bestehen, bis sie sich wieder in Gott hinein auflöst; und Gott selber bleibt immer gleich und ist zugleich der ganze Wandel der Welt.

Da ich meine eigene Mythologie am besten kenne, nehme ich sie als Beispiel, um zu beschreiben, wie eine solche innere Mythologie und ihre Entdeckung aussehen kann.

Mein eigenes Krafttier ist eine Wölfin. Meine Kraftpflanze ist der Thuja und mein Kraftstein der Bergkristall. Ich kenne sie alle inzwischen schon so lange, daß ich mir ihrer so sicher bin, daß ich hier darüber schreiben kann. Man sollte, wenn man seine Seele, seine Verbündeten oder andere „innere Wesen" kennenlernt, die eng mit einem selber verbunden sind, in der Regel zunächst einmal eine Zeit lang warten, bevor man anderen davon zu erzählen beginnt.

Bei meinen Meditationen, bei denen ich zwei Jahre lang täglich zu dem Tempel der Seele in der Sonnenstadt gereist bin, um dort meine Seele zu finden, habe ich einmal einen Teil einer Pflanze gesehen, die wie meine Seele golden geleuchtet hat und deren Bestandteile wie Schuppen auseinander herauswuchsen. Ich habe mir aber damals von Freunden ausreden lassen, daß es so etwas wie Kraftpflanzen gibt und dieses Erlebnis halb vergessen.

Eines Tages erzählte mir mein Freund Jörg von Sankaran, einem mit ihm befreundeten Homöopathen in Indien, der erkannt hatte, daß man auf eine einfache Art feststellen kann, ob ein Patient ein tierisches, ein pflanzliches oder ein mineralisches Heilmittel braucht: wenn Patienten vor allem dramatisch sind, benötigen sie ein Mittel aus dem Tierreich, wenn sie auf einer bestimmten Haltung beharren, brauchen sie ein Mittel aus dem Pflanzenreich, und wenn sie sich an einer Struktur festklammern, brauchen sie ein Mittel aus dem Mineralreich.

Daraus ergab sich dann, daß das wichtigste Tier-Heilmittel eigentlich das Mittel sein müßte, das aus dem eigenen Krafttier hergestellt wird: also aus Eulenfedern, Wolfsmilch, Elefantenstoßzähnen usw. Da es aber auch Menschen gibt, die mit derselben Dringlichkeit ein pflanzliches oder ein mineralisches Heilmittel brauchen, lag die Vermutung nahe, daß es auch eine Kraftpflanze und einen Kraftstein geben müßte. Diese drei Heilmittel müßten dann eigentlich den Patienten wieder an seine ursprüngliche Dynamik, Haltung und Struktur erinnern.

Am nächsten Morgen habe ich in meinem Zimmer gesessen und meditiert. Anschließend bin ich noch sitzen geblieben und habe zu meiner Balkontür hinausgeschaut und mich gefragt, was wohl meine Kraftpflanze sein könnte. Da fiel mir der Pflanzenteil aus meiner langvergessenen Vision wieder ein und nach einer Weile wurde mir bewußt, daß ich die ganze Zeit gedankenversunken auf den Thuja vor meinem Balkon geblickt habe und daß der schuppenartige Aufbau des Pflanzenteiles aus meiner Vision genau den Ästen des Thujas entspricht.

Als ich kurz darauf begeistert mit Jörg telefonierte, sagte er mir, daß der lateinische Name des Thujas „arbor vitae" lautet, was auf deutsch „Lebensbaum" bedeutet. Das war wie ein Paukenschlag, denn der Lebensbaum aus der Kabbala war seit dreißig Jahren meine wichtigste spirituelle Landkarte, über die ich nun schon fünf Bücher geschrieben habe. Als ich das erste Mal die Graphik des kabbalistischen Lebens-baumes in einem alten Buch gesehen habe, dachte ich sofort "Das ist es!" ohne im Geringsten zu wissen, worum es denn überhaupt geht – dies Symbol zählt wohl zu den Dingen, von denen meine Seele beschlossen hatte, daß ich sie in diesem Leben (wieder-?) finden sollte. In den homöopathischen Texten über den Thuja als Heilmittel fand sich unter anderem der Wolf erwähnt, was mich natürlich ebenfalls ziemlich begeisterte.

Thuja wird unter anderem bei Personen gegeben, die ihr Bewußtsein und ihren Kör-per als getrennt erleben. Genau dies ist meine älteste bewußte Frage: Ich habe, als ich ungefähr fünf Jahre alt war, des öfteren auf meinem Bett gesessen und meine Hand betrachtet und dann wieder meine Augen geschlossen und mein Bewußtsein betrach-tet und mich gewundert, daß dieser Beobachter in meinem Kopf meine Hand bewe-gen kann. Ich habe mich immer wieder gefragt, wo denn die Brücke ist, die diesen Wahrnehmenden in meinem Kopf mit meiner Hand verbindet.

In der Zeit zwischen achtzehn und zwanzig Jahren bin ich eine Zeit lang ziemlich nah an den Autismus geraten – in dieser Zeit war die Spaltung zwischen innen und außen fast unüberbrückbar geworden und ich habe mich gefühlt, als würde ich in einer undurchdringlichen Glaskugel sitzen. In dieser Zeit hätte ich Thuja als Heil-mittel gut brauchen können, aber ich habe es schließlich auch aus eigener Kraft geschafft, diese Glaskugel wieder aufzulösen.

Viele Jahre später hat mir ein fähiger Homöopath auch als erstes Heilmittel den Thuja verschrieben.

Zu diesem Bruch zwischen Innen und Außen paßt auch meine Erinnerung an meine Geburt, bei der ich meine Geburt als lebensbedrohlich und mich als von allen verlas-sen erlebt habe. Insbesondere habe ich dabei das Gefühl gehabt, erwürgt zu werden, da sich meine Nabelschnur um meinen Hals gewickelt hatte. Wie ich inzwischen weiß, ist dadurch mein Halschakra blockiert worden, was allerdings eine lange Vor-geschichte hat und eine Neuinszenierung eines Erlebnisses aus einem früheren Leben ist, bei dem mir einmal ein Krokodil meinen Kopf abgebissen hat.

In meinem Horoskop findet sich das als ein Quadrat zwischen dem Skorpion-Saturn im zweiten Haus (Hals) und dem Löwe-Pluto im zehnten Haus wieder.

Bei dieser Art von Trennung zwischen Bewußtsein und Körper ist Thuja das passen-de Heilmittel. Der kabbalistische Lebensbaum stellt die Landkarte dar, auf der dieser innere Beobachter und der äußere Körper, in dem er „sitzt", und noch vieles anderes verzeichnet sind – und aus der heraus man auch die Wege erkennen kann, auf denen man beides wieder bewußt verbinden kann.

Auffälligerweise stehen Thujas wie Eiben oft auf Friedhöfen und der Wolf und seine Verwandten sind in vielen Religionen und Mythen die Jenseitsbegleiter: die beiden Wölfe des Odin, der griechische Höllenhund Cerberus, der ägyptische Schakalgott Anubis ... Die Jenseitsreise ist das archaischste Bild der Wiederverbindung zwischen

Seele und Körper – der „re-ligio" im ursprünglichsten Sinne. Zudem wird der Thuja in manchen Mythen als der Weltenbaum angesehen, der eben Himmel und Erde und somit Seele und Körper verbindet. Und Anubis war die erste Gottheit, die mir jemals auf ihrer eigenen Ebene begegnet ist – was ich aber nur wenige Sekunden lang ausgehalten habe.

Nun wollte ich natürlich auch wissen, was mein Kraftstein ist, aber mir kam den gan-zen Tag nach der Entdeckung meiner Kraftpflanze keine Inspiration. Als ich dann am nächsten Morgen erwachte, wußte ich sofort, daß es der Bergkristall ist. Als Kind war ich eher sehr zurückhaltend, aber ich entsinne mich gut, daß ich meinen Vater zwei Jahre lang immer wieder beredet habe, mir den kleinen Bergkristall zu schenken, den er einmal gefunden hatte. Dieser Stein war lange Zeit mein wertvollster Besitz.

Auffällig an dem chemischen Aufbau des Bergkristalls ist es, daß in ihm alle Atome mit allen anderen Atomen verbunden sind – er ist ein einziges großes Molekül. Dies bedeutet, daß er vollständig integriert ist. Diese Integration aller Teile ist genau das, was durch den kabbalistischen Lebensbaum (Thuja) beschrieben wird und was durch die Verbindung zwischen Diesseits und Jenseits (Wolf) bzw. zwischen Seele und Körper erreicht wird.

In einigen der Mythen, in denen die Zerstückelung des Schamanen in der Unterwelt und seine anschließende Wiederzusammensetzung beschrieben wird, werden in den Leib des Schamanen kleine Bergkristalle miteingesetzt, die als Bruchstücke des Himmels, die von ihm heruntergefallen sind, aufgefaßt wurden. Auch hier hat der Bergkristall die Bedeutung der Integration.

Da ich mein eigenes Horoskop gut kannte, fand ich nach kurzer Zeit den Zusam-menhang zwischen meinen drei Verbündeten und den Planetenständen in meinem Horoskop heraus. Mein spirituelles Interesse paßt gut zu dem Neptun am Aszen-denten, die Ausdauer des Wolfes entspricht dem Saturn-Mars-Trigon, die Integration des Bergkristalls zu der Jupiter-Merkur-Konjunktion, die extrem langsame Ent-stehungsweise des Bergkristalls entsprechen meine fünf Planten im 10. Haus (Berg-kristall entsteht nur dann, wenn die Lava, in der sich das Siliciumdioxyd befindet, maximal 1°C in hundert Jahren abkühlt), und der Thuja entspricht schließlich zu meinem Pluto-Neptun-Sextil.

Meine Seele hat bisweilen das Aussehen eines Priesters, was ja eine passende Ge-stalt für jemanden ist, dessen Hauptinteresse der Zusammenhang zwischen Bewußt-sein und Körper, zwischen Seele und Inkarnation, zwischen Himmel und Erde, zwi-schen Gott und Welt ist.

Meine Schutzgottheit ist Osiris. Seine Mythe stellt die Jenseitsreise des Schamanen sowie den Tod und die Auferstehung des Korngottes dar – also die beiden zentralen spirituellen Themen, die sich auf die Verbindung zwischen Diesseits und Jenseits beziehen.

Zu Osiris als Totengott paßt es auch gut, daß ich bereits bei meiner Geburt Angst hatte, zu sterben. Wegen meiner Osiris-Visionen im Alter von ca. zwanzig Jahren habe ich dann auch Ägyptologie im Nebenfach belegt und Hieroglyphen lesen und schreiben gelernt, um diese Visionen besser verstehen zu können.

Osiris war auch der Gott, mit dem sich alle Ägypter nach ihrem Tod identifizierten, da er das „wahre Wesen" eines Menschen darstellt. Inzwischen helfe ich seit dreißig Jahren nicht nur mir selber, sondern auch anderen Menschen, ihr eigenes „wahres Wesen" in ihrem Inneren zu erkennen und habe das inzwischen zu meinem Beruf gemacht.

Das Rückgrat des Gottes Osiris wurde als der Weltenbaum oder die Weltensäule angesehen und „Djed", also „Ewigkeit" genannt, weil diese Verbindung zwischen Himmel und Erde ewig bestehen bleibt. Dies paßt wieder gut zu dem dem Thuja, dem kabbalistischen Lebensbaum und zu der Saturnbetonung in meinem Horoskop (die Hälfte der Planeten steht in meinem 10. Haus).

Osiris hatte zwei Söhne: den Falkengott Horus, der genaugenommen seine Seele darstellt, und den Schakalgott Anubis, der für die Begleitung ins Jenseits und für die Einbalsamierung zuständig war. Hier findet sich meine Wölfin in der Osiris-Mythe wieder.

Osiris hatte zwei Frauen, die beide seine Schwestern waren: Isis und Nephthys. Dies spiegelt sich den zwei Begleiter der Seele wider, die das ihr entgegengesetzte Geschlecht haben. Diese beiden Begleiterinnen meiner Seele sind mir schon sehr früh erschienen und haben mir des öfteren geholfen, wenn mein Leben schwierig wurde, indem sie mir Geborgenheit gegeben haben oder einfach, indem sie mich in der Meditation angeschaut haben. Daß mir diese zwei Begleiterinnen meiner Seele so wichtig und so früh bewußt geworden sind, findet sich in meinem Horoskop in meinem Jupiter-Venus-Sextil wieder.

Die Zerstückelung und Wieder-Heilung, die in der Mythe des Toten- und Korngottes Osiris beschrieben wird, hatte ich schon zuvor einmal in einem Traum und einmal in einer Traumreise zu den germanischen Göttern erlebt. Astrologisch entspricht dies meinem Quadrat zwischen meinem Skorpion-Saturn im zweiten Haus und meinem Löwe-Pluto im zehnten Haus, das jede feste Form der ständigen Verwandlung unterwirft.. Diese Osiris-Mythe ist wie bei allen anderen Toten- und Korngöttern aus dem Gleichnis zwischen dem Leben des Menschen und dem Leben des Getreides entstanden: Die Ernte entspricht dem Tod (Zerstückelung) und das Keimen entspricht der Wiedergeburt (Heilung).

Schließlich neige ich dazu, zu forschen und mich in Neuland hineinzuwagen, was wieder gut zu einem Gott paßt, der so eng mit dem Schamanismus verwandt ist wie Osiris. Dieses Neuland, die unbekannte Wildnis wird in der ägyptischen Mythologie durch einen weiteren Gott repräsentiert, der der Zwillingsbruder des Osiris und der Isis und der Nephthys ist und somit die zentrale Vierheit in der ägyptischen Religion vervollständigt: Seth, der Gott der Wüste, der Wildnis und des Unbekannten und

Bedrohlichen. Dieser Gott bzw. diese Qualität aus dieser Mythe hat sich in meinem Leben auch schon reichlich deutlich gezeigt: Ich habe inzwischen schon einige Grenzerfahrungen gehabt, war elf Jahre lang der Prügelknabe der Schule, habe zehn Jahre mit einem Kollegen ausgehalten, der mir das Leben mehr als schwer gemacht hat und ähnliches mehr.

Wenn ich hier diese innere Mythologie so detailliert beschreibe, könnte der Eindruck entstehen, daß im Leben alles schon festgelegt ist und man keine Freiheit mehr hat. Da ich auf verschiedenen Traumreise erfahren habe, daß die Seele bei ihrer Inkarnation ihr gesamtes vor ihr liegendes Leben schon kennt und nun lediglich damit beginnt, es zu erleben, könnte man in Fatalismus verfallen.

Es spricht aber einiges gegen eine solche Haltung. Die materielle Welt ist festgelegt und vollständig determiniert – sonst könnte es keine Naturgesetze geben. Wenn man Gott als die der Vielheit zugrundeliegende Einheit für real hält, dann muß Gott frei sein, die wie sollte eine Einheit, neben der es nichts anders gibt, durch irgendetwas eingeschränkt sein können?

Somit sollte der Grad der Freiheit von Gott über die Gottheiten, die Seele und die Lebenskraft hin zu der vollkommen festgelegten Materie ständig abnehmen und in der Materie schließlich völlig erlöschen. Dies wird z.B. dadurch bestätigt, daß auch in der Physik die Kausalität nur im Bereich der großen Dinge existiert und es z.B. im Bereich der Elementarteilchen nur noch eine statistische Wahrscheinlichkeiten gibt, aber sich das Verhalten einzelner Teilchen nicht mehr vorhersagen läßt.

Diese Freiheit kann man sich schrittweise auch selber erwerben, indem man bewußter und selbständiger wird. Sobald man in dem Bereich der Lebenskraft Fuß gefaßt hat, kann man magisch wirksam werden: Man kann z.B. das sein Krafttier bitten, bestimmten Lebensumstände herbeizuführen, was das Krafttier auch tun wird, wenn es seinem Charakter und dem Gedeihen des betreffenden Menschen entspricht. Von der Lebenskraft aus kann im Bereich der Materie sinnvolle Zufälle herbeiführen, Telepathie erlernen und ähnliches mehr.

Wenn man den Kontakt mit der Seele gefestigt hat, dann wird man unabhängig von den Schwankungen im Lebenskraftbereich, also von den eigenen Ängsten und Süchten werden und somit einen noch größeren Grad an Freiheit erhalten und zu „leuchten" beginnen und das Leben einfach annehmen wie es ist und jede Situation dazu nutzen, zu zeigen, wer man ist.

Durch den Kontakt mit der eigenen Gottheit ändert weitet sich die eigene Identität, die sich dann nicht mehr auf den eigenen Körper oder die eigene Seele, sondern auf die Gottheit als Teil der Welt und als Qualität bezieht, die sich in der gesamten Welt findet. Durch die Bewußtheit in diesem Bereich sind die Naturgesetze dann keine Hindernisse mehr und man kann Wunder vollbringen wie Christus, Moses, Elias, viele Yogis, Lamas, Sufis und andere Magier und Mystiker.

Wenn man bewußt Gott erreicht, ist man schließlich völlig frei.

Das Erkennen der eigenen Mythologie ist daher das Erkennen dessen, als was man sich selber bisher erschaffen hat – und man hat die Freiheit, diese derzeitige eigene Schöpfung auf ein immer höheres Niveau zu heben und neue Schöpfungen zu beschließen.

Der Kontakt mit dem eigenen Krafttier hat viele Aspekte:

- das Erkennen der eigenen Art sich zu bewegen;
- das Erlangen einer größeren Bewußtheit über sich selber;
- ein erster Schritt, die Absicht der eigenen Seele für dieses Leben zu erkennen;
- eine größere Fähigkeit, magisch Dinge und Ereignisse herbeizuwünschen;
- die Annäherung an den bewußten Kontakt mit der eigenen Seele;
- die Möglichkeit, der betreffenden Tiermutter zu begegnen und von ihr Heilung zu erhalten;
- einen ersten Puzzlestein der eigenen inneren Mythologie zu erhalten und weitere zu suchen ...

19. Krafttiere? Im Internet-Zeitalter?

Die Möglichkeit, sein eigenes Krafttier zu finden, ist schon sehr alt und stammt noch aus der Altsteinzeit. Es stellt sich daher die Frage, welche Bedeutung das Krafttier im heutigen Weltbild haben könnte.

In der Altsteinzeit war das Krafttier zunächst einfach die Beschreibung eines Großteils der eigenen Eigenschaften und daher aufgrund der Assoziationsstrukturen in der Lebenskraft auch eine Verwandtschaft mit dem betreffenden Tier.

In der Jungsteinzeit, deren Weltbild durch Analogien und Gleichnisse geordnet war, bot das Krafttier eine Möglichkeit, die große Zahl der nun zusammenlebenden Menschen entsprechend ihren Krafttieren in Clane einzuteilen und eine größere Übersichtlichkeit zu erlangen.

Im Königtum spielte das Krafttier eine deutlich geringere Rolle, da die Krafttiere nun zu Tiergöttern wurden und die Kenntnis des eigenen Krafttieres nach und nach weitestgehend verschwand. Daher bestand kaum noch eine individuelle Bindung mehr an die entsprechende Tiergottheiten, die nun eher zu allgemeingültigen Qualitätsprinzipien innerhalb des Weltbildes geworden waren, das aus dem einen, einzigen Prinzip des Königs bzw. des Einen Gottes abgeleitet wurde.

Während des Materialismus verschwand die Kenntnis von den Krafttieren fast vollständig, da das Weltbild in dieser Epoche vollständig auf der Analyse beruhte. die vorher als Krafttier erlebbaren Eigenschaften erschienen nun als einzelne Qualitäten und Fähigkeiten in der psychologischen Analyse.

Die derzeit beginnende Epoche beruht vor allem auf der Erkenntnis, daß alle Dinge aufeinander wirken und die Welt daher nicht nur viele Einzelne, sondern vor allem ein Kontinuum ist, in dem alles Einzelne eine individualisierte Ausprägung der allgemeinen „Substanz" ist. Dieses Kontinuum zeigt sich in der Globalisierung, in der Ökologie, in der UNO und in vielem mehr.

Das Kontinuum als Ordnungsprinzip hat verschiedene Dinge zur Folge. Zunächst einmal zeigt sich die Notwendigkeit, die Verantwortung auch für die Erde als Ganzes zu übernehmen und global zu denken. Als Gegenstück zu dieser Verantwortung entsteht dann das Vertrauen in das Ganze: In der Verantwortung trägt man das Ganze und im Vertrauen wird man von dem Ganzen getragen. Dieses Vertrauen in die Welt als Ganzes ist die heutige Form des steinzeitlichen Vertrauens in die Große Mutter und in die Tiermutter. An der Wurzel dieses Vertrauens findet man auch heute noch die Muttergöttin.

Als nächstes ergibt sich aus dem Kontinuum, daß sich das Individuum nicht mehr durch seine Abgrenzungen zur Welt definieren kann, sondern nur noch durch seine Qualität. Daraus folgt, daß eine allgemeine Wertschätzung der jeweiligen individuellen Qualität eines jeden Menschen entstehen wird, da es nur unter dieser Voraussetzung möglich ist, sich wirklich dem Ganzen zu öffnen. Die Globalisierung braucht also als Ergänzung die Wertschätzung der Individualität. Bei dem Erkennen dieser Individualität kann die Kenntnis des eigenen Krafttieres und der Krafttiere der anderen Menschen eine große Hilfe sein.

Weiterhin ergibt sich aus dem Kontinuum sowie dem Erlebnis des eigenen Bewußtseins, daß alle Dinge in dieser Welt Bewußtsein haben müssen. Diese Schlußfolgerung wird durch die Erlebnismöglichkeiten mit dem eigenen Krafttier, der eigenen Kraftpflanze und dem eigenen Kraftstein sowie den in diesem Buch beschriebenen allgemeinen Beobachtungen an Tieren, Pflanzen und Steinen (Wahrnehmung, Gedächtnis, Tiermütter, Elfen u.ä.) bestätigt und vor allem auch erlebbar.

Eine mehr allgemeine Erkenntnis, die aber auch für das Kontinuum-Weltbild eine große Bedeutung hat, ist es, daß das Innen stets dem Außen entspricht: Alle Ereignisse um einen her sind ein Spiegelbild der Vorgänge in einem. Auf diesem Zusammenhang beruht auch die Wirksamkeit des Wünschens und allgemein die Magie. Dieser Zusammenhang gibt dem Menschen, wenn er ihn erkannt hat, die Eigenverantwortung und somit die Selbständigkeit zurück, da es dann von seinem inneren Zustand abhängt, was er im Außen erlebt – jeder erschafft seine eigene Welt.

Aus dem Erleben, daß man der Schöpfer seiner eigenen Lebensumstände ist, ergibt sich dann das Vertrauen in die Welt, denn wenn man selber seine eigene Welt gestalten kann, wird sie so sein, wie man es sich wünscht, also im Einklang mit einem selber. Dieser Einklang besteht immer, d.h. die Welt ist ein perfekter Spiegel für das eigene Innere, weshalb jede Situation das größtmögliche Geschenk ist, da es dem Menschen in jedem Augenblick ermöglicht, sich selber zu erkennen und dann durch einen Entschluß, eine Heilung in seinem Inneren eine neue Situation zu erschaffen. Aus dem aus diesem Zusammenhang sich ergebenden Vertrauen in die Welt entsteht dann als Ergänzungsbewegung wiederum die Verantwortung für die Welt.

Die „Einheiten" in einem Kontinuums-Weltbild sollten nicht abgegrenzt sein (Globalisierung), aber eine klare Qualität haben (Wertschätzung des Individuums). Dies ist eine genaue Beschreibung von Gottheiten, die von ihrem Wesen her eindeutig festgelegt sind, aber keine Grenzen haben, sondern überall und in allem wirksam sind. Daher können auch viele Menschen gleichzeitig mit Christus, Shiva oder der Löwenmutter im Gebet, der Meditation oder auf einer Traumreise sprechen. Ein einfacher Zugang zu diesen Gottheiten ist die Begegnung mit der Muttergöttin des eigenen Krafttieres.

In einem Kontinuum gibt es keine Abgrenzungen, woraus folgt, daß sich alle Dinge ständig wandeln – was ja eine sehr alte Erkenntnis der Menschen ist. Die Ergänzung hierzu ist die Erkenntnis und vor allem das Erlebnis, ein Teil des Ganzen zu sein. Aus der Kombination dieser beiden Erlebnisse ergibt sich, daß man in seinem Leben die Welt erkundet und in den vielen verschiedenen Situationen sich selber erlebt und sich selber durch seine eigenen Beschlüsse erschafft. Dabei bleibt man immer ein Teil des Ganzen und kann daher nichts verlieren ... man erforscht einfach die Vielfalt der Möglichkeiten – vor allem die Möglichkeiten, wie man sich in einer Situation verhalten und als was man sich dadurch in dieser Situation erschaffen kann.

Aus diesem ständigen Wandel aller Dinge ergibt sich, daß auch Gottheit nichts statisches sind, sondern sich ständig weiterverwandeln. Wenn man häufig Traumreisen auch zu Gottheiten durchführt, wird man feststellen, daß sich Gottheiten auf den Traumreisen heute anders verhalten als es z.B. in den alten Mythen, Sagen und Legenden beschrieben ist – ihr Charakter ist nach wie vor deutlich zu sehen, aber sie haben neue Verhaltensweisen dazugewonnen. So handelt z.B. Odin in den mir bekannten Begegnungen von heutigen Menschen mit ihm nicht mehr wie ein Kriegsgott, sondern vor allem wie ein Schamane (was er ursprünglich auch einmal gewesen ist) und wie ein Heiler/Therapeut.

Die wesentlichen Aspekte des derzeit neu entstehenden Weltbildes sind die folgenden Paare von Qualitäten:

Kontinuum – Individualität

Abgrenzungslosigkeit – Qualität

Vertrauen – Verantwortung

Teil des Ganzen sein – Wandel

Außen = Innen

Aus diesen ganzen Entwicklungen ergibt sich, daß das bisher eben unbewußte kollektive Unterbewußtsein zunehmend zu einem kollektiven Bewußtsein werden wird. Praktisch bedeutet dies, das die Menschen sich in zunehmendem Maße der ganzen ständig stattfindenden telepathischen Verbindungen, der Wirkung der inneren Bilder, der Anwesenheit der Krafttiere, Kraftpflanzen und Kraftsteine, der Existenz der Tiermütter, der Pflanzenelfen, der Steingeister, der Seelen und der Gottheiten bewußt werden und daher all diese Wesen und Zusammenhänge mehr und mehr zu selbstverständlichen Bestandteilen des Alltags werden.

Das eigene Krafttier kann also ein Pfadfinder auf eigenen Weg zu einer Vision von einer Welt sein, die von vertrauen und Verantwortung geprägt ist, in der man sich als Teil des Ganzen erlebt und in Freude den ständigen Wandeln tanzt, und in der man in seiner eigenen Qualität ruhend ohne Abgrenzung ein Teil des Ganzen ist.

weitere Informationen

Die folgenden Hinweise sind nur eine kleine „Erste Hilfe"-Auswahl der Informationen, die zu den Krafttieren und den ihnen verwandten Themen gibt.

1. Krafttiere:
- Dalichow: Krafttiere (Beschreibungen einzelner Krafttiere)
- Buzzi: Krafttiere (Beschreibungen einzelner Krafttiere)
- Beschreibungen der Tiere im Internet
- homöopathisch:
- allgemein im Internet
- www.homoeopathie-wichmann.de

2. Kraftpflanzen:
- Beschreibungen der Pflanzen im Internet
- homöopathisch:
- allgemein im Internet
- www.homoeopathie-wichmann.de

3. Kraftsteine:
- Gienger: Lexikon der Heilsteine
- homöopathisch (aber nur ganz vereinzelt):
- allgemein im Internet
- www.homoeopathie-wichmann.de

4. Lebenskraft:
- Eilenstein: Die Chakren
- Eilenstein: Der Lebenskraftkörper